41 *1315* 1897 DÉPOT LÉGAL
Seine Inférieure
N° *372*
RECUEIL DE VERS
Année 1897
DE
PIERRE DE MARBEUF
PUBLIÉ
Par A. HÉRON.

à conserver

SOCIÉTÉ ROUENNAISE

DE

BIBLIOPHILES

DEPOT LEGAL.

RECUEIL DES VERS

DE

PIERRE DE MARBEUF

PUBLIÉ AVEC INTRODUCTION

PAR

A. HÉRON

IMPRIMERIE LÉON GY

1897

L'idée première de la présente publication appartient à M. Emile Lesens, *l'érudit bibliophile, l'aimable confrère dont nous avons à déplorer la perte toute récente. Le soin de préparer cette réimpression lui revenait de droit, et, s'il eût consenti à s'en charger, il aurait ajouté un titre à la reconnaissance que lui devait la* Société rouennaise de Bibliophiles *pour la publication de deux ouvrages inédits :* De la naissance et du progrès de l'Hérésie en la ville de Dieppe, *et* Histoire de la Réformation à Dieppe, par les frères Daval, dits les policiens religionnaires. *Sa modestie a décliné l'honneur d'offrir à ses confrères cet intéressant* Recueil des vers de M. de Marbeuf, chevalier, sieur de Sahurs ; *il voulut bien me désigner pour tenir sa place. En acceptant cette mission, j'étais loin de m'attendre qu'il lui serait refusé de la voir remplie et que j'aurais le douloureux devoir de rendre ici un pieux hommage à la mémoire d'un bon et loyal ami dont la perte laisse d'amers regrets au cœur de tous ceux qui l'ont connu.*

A. H.

INTRODUCTION

Le nom de Pierre de Marbeuf est plus connu aujourd'hui des bibliophiles et des archéologues que des historiens littéraires. Les bibliophiles recherchent les exemplaires devenus rares de ses œuvres ; les archéologues rappellent que l'élégante chapelle de Notre-Dame-de-la-Paix, que l'on admire encore dans le village de Sahurs, lui appartenait lorsque la reine Anne d'Autriche, heureuse de voir enfin réalisés ses désirs de maternité, s'acquitta du vœu qu'elle avait fait à la Vierge en lui consacrant une statue d'argent du poids de vingt-quatre marcs dans cette chapelle, que l'on connut ensuite sous le vocable de Notre-Dame-du-Vœu.

Les historiens littéraires ont maintenant oublié Pierre de Marbeuf.

On le trouve bien encore mentionné dans les dictionnaires biographiques et bibliographiques, mais ces notices sont incomplètes et erronées. Les détails les plus précis que l'on puisse trouver sur ce poète et sur ses œuvres se rencontrent dans une étude que M. Léon de Duranville a publiée, en 1874, sous ce titre : *Pierre de Marbeuf* (1).

Je me bornerai ici à relater les faits principaux de sa vie, me réservant de donner de plus amples renseignements sur

(1) *Précis analytique des travaux de l'Académie des Sciences, Belles-Lettres et Arts de Rouen*, 1874, p. 366-388. — Un tirage à part a été fait en 1875 sous ce titre : *Pierre de Marbeuf, la Chapelle de Sahurs et la Reine Anne d'Autriche*

sa personne et sur sa famille dans l'introduction qui devra précéder la réimpression de son premier recueil de poésies, le *Psalterion chrestien* (1).

Pierre de Marbeuf, écuyer, sieur d'Ymare et de Sahurs en partie, naquit en 1596 du mariage de François de Marbeuf et de Catherine Helloin. Il était de noblesse assez récente, son grand-père Pierre de Marbeuf ayant été anobli en mai 1581 par Henri III, pour ses bons services et faits d'armes. Il fit ses études au collège de la Flèche dont il nous a laissé une description poétique (2), et fut ainsi le condisciple de Descartes, né comme lui en 1596. Nous le trouvons ensuite à Orléans, où il étudia le droit, et qu'il quitta en 1619 pour suivre à Paris une jeune fille dont il était épris et qu'il a chantée sous le nom d'Hélène (3).

Entre temps, il avait publié son *Psalterion chrestien*, 1618, un poème sur le mariage de Christine de France, sœur de Louis XIII, avec Victor-Amédée de Savoie, 1619, et présenté plusieurs pièces au concours des Palinods de Rouen ; en 1617, il emporta la tour pour ses stances intitulées *l'Anathomie de l'œil*, en 1618, l'étoile pour une épigramme latine, et, en 1620, le miroir pour l'ode intitulée *le Narcisse* (4).

Il fit, avant 1627, un voyage en Lorraine, où, sur les recommandations de M. Harlay de Chanvallon, il reçut du

(1) *Psalterion chrestien, dédié à la mère de Dieu, l'Immaculée Vierge Marie*, suivi de *Poésie meslée du mesme autheur*. Rouen, Jean le Boullenger, 1618.
(2) *Recueil des vers*, etc., p. 62-70.
(3) *Ibid.*, p. 29-30 et 156-158.
(4) *Ibid.*, p. 95-98 et 240-241.

duc Charles un excellent accueil. De retour dans sa province, nous le trouvons exerçant la charge de maître particulier des eaux-et-forêts en la vicomté du Pont-de-l'Arche. Il se maria en 1627 (le contrat est daté du 10 février de cette année), avec Madelaine de Grouchet, fille de feu Charles de Grouchet, conseiller au Parlement de Normandie, sieur du Mesnil et de Soquence ; c'est elle sans doute qu'il a chantée sous le nom de Madelaine et de Sylvie (1). Il mourut en 1645 et fut inhumé le 17 août sous la tombe de son aïeul dans la chapelle de Saint-Firmin de Saint-Étienne-la-Grande-Église (2).

Ceux qui seront curieux de lire ce recueil jugeront que Pierre de Marbeuf vaut mieux que le silence qu'on a fait autour de lui. Je ne chercherai pas à dissimuler son principal défaut : l'abus du bel esprit, la recherche des *concetti* ; il ne serait pas de son temps s'il s'était toujours attaché à parler simplement. Il y a heureusement autre chose chez Marbeuf : il tourne le vers avec aisance et, sous sa plume, la phrase poétique se déroule sans embarras et sans vains remplissages. Il a le sentiment du rythme. Dans ses poésies sérieuses, il ne manque ni de force ni de noblesse ; on pourra s'en convaincre en lisant sa belle méditation *le Solitaire* (3). Il comprend et aime la nature ; il sait la décrire et la chanter, et ce n'est pas seulement parce qu'il était maître des eaux-et-forêts qu'il s'est donné le nom de *Silvandre*.

(1) *Recueil des vers*, etc., p. 31 et 128.
(2) *Registre des décès de la paroisse de Saint-Étienne-la-Grande-Église* et *Inventaire des archives départementales de la Seine-Inférieure*, G. 6,552. — Le *Registre* dit 17 août, l'*Inventaire*, 18.
(3) *Recueil des vers*, p. 71-75.

Enfin, ce poète qui était, en 1618, un *traîneur* de l'école de Ronsard et de Du Bartas, a marché avec son temps ; s'il a gardé au fond de son cœur toujours la même affection pour ses vieux maîtres, si les poètes, gardiens de la fontaine des Muses, sont toujours les poètes d'antan (1), s'il ne nomme pas Malherbe, dont l'autorité d'ailleurs n'était pas encore souverainement établie, il l'a lu cependant et a profité de ses réformes. L'influence du « tyran des mots et des syllabes » n'a pas été sans agir sur lui ; on le sent en maint endroit. Une des lois nouvelles a été admise par lui ; de ce recueil de 1628, l'hiatus est presque entièrement proscrit ; on ne l'y rencontre que cinq ou six fois et toujours dans des pièces qui ont été manifestement composées plus près de 1620 que de 1628. Pierre de Marbeuf était un esprit perfectible ; le progrès accompli par lui entre 1618 et 1628 le prouve surabondamment, et l'on peut regretter qu'à partir de cette dernière date, il ait à peu près réduit sa muse au silence.

(1) *Recueil des vers*, p. 18.

RECVEIL
DES VERS DE
Mr DE MARBEVF
CHEVALIER,
SIEVR DE SAHVRS.

A ROVEN,
DE L'IMPRIMERIE
De DAVID DV PETIT VAL, Imprimeur
ordinaire du ROY.

M. DC. XXVIII.

AV LECTEVR.

Lecteur, ne vous étonnez pas
Si la rime sert de compas
Aux ouurages que ie compose:
Ce sont des mysteres couuers,
Lors que pour bien parler en prose
Ie m'exerce à faire des vers.

    Celuy qui court sur les montagnes,
Peut se pourmener aux campagnes:
Et qui danse sur le rocher,
Où Phebus fait sa residence,
Ne doit pas craindre de marcher
Par les plaines de l'eloquence.

Celuy qui ferre fes difcours,
Qui les ajufte & les fait cours,
Sçait la façon de les étendre:
Qui fçait la mufique & fes loix,
Seroit-il obligé d'aprendre
L'vfage commun de la voix?

O le celefte benefice
Que la nature & l'artifice:
Sans l'éclat de la vanité
Eleuer les pompes fuperbes,
Et maintenir fa grauité
Iufques parmy les fimples herbes.

Auec vne plume & des vers,
Porter vn Empire à l'enuers,
Et parcourir toute la terre;
Trouuer vn milion de noms,
Depeindre le bruit du tonnerre,
Et le tonnerre des canons.

Tantoſt d'vne main plus hardie
Enſanglanter la Tragedie,
Et tantoſt d'vn ſtile plus doux
Epandre l'encens des loüanges,
Et iuſqu'au Ciel rendre jaloux,
De ſon eſprit le chœur des Anges.

　　Ie ne dy pas que ces beuueurs,
Que ces Romans, ces vieux rêueurs,
Ont ce treſor dedans leurs plumes;
Leurs veines qui s'enflent de vin,
Font de leurs vers des apoſtumes,
Et de leurs mots font du venin

　　Apollon, tes regles nouuelles
Ont fait peur aux ieunes ceruelles,
Dont tu cenſures les écrits,
Et vont diſant en leurs coleres,
Que les François ont des eſprits
Qui ne ſouffrent point les galeres.

Si l'on toleroit ces affrons,
Que le laurier ceignit vos frons
Petits écriuains que vous estes,
Ie conseillerois aux guerriers
De ne songer plus aux conquestes,
S'ils pensoient auoir des lauriers.

Vos belles choses sont si fades,
Qu'elles rendent mes yeux malades:
Mon humeur pleine d'apreté,
Blâme vostre delicatesse,
Car elle a trop de propreté,
Et moy trop peu de politesse.

Courtisans, ne me lisez pas
Si vous recherchez les apas
Et le fard de vostre langage,
Que ne vous peut donner la vois
D'vn homme rustique & sauuage,
Qui n'a point de Cour que les bois.

A
MONSEIGNEVR
L'EVESQVE DE METS.

MA genereuse obeyssance
Ne connut iamais de pouuoir
Qui peût obliger mon deuoir
Aux effets de la complaisance:
Ie n'adoucy point mes portraits
D'vn vain pinceau de qui les traits
Font vne fable ou bien vn songe,
Parlant à la posterité,
Ie dis aussi mal le mensonge
Que ie dis bien la verité.

Si ie veux tirer de la bouë,
Le nom obscur de quelque mort,
Ma plume alors souffre vn effort,
Et ne veut point que ie le louë:
Mais quand mes vers ont ce bon-heur

D'auoir pour obiet voſtre honneur,
Ils parlent de tant de merueilles,
Qu'il ſemble aux meilleurs iugemens
Que la creance des aureilles
Eſt que ie flatte, ou que ie mens.

   Pour vous vn Dieu met dans nos ames
Tant & tant de feux, qu'il nous faut
Eleuer nos eſprits en haut
Selon le mouuement des flames.
O mon Prince que vos grandeurs
Ne mépriſent pas nos ardeurs
Quand noſtre plume écrit pour elles,
Parlez aux plus iudicieux,
Ils vous diront qu'elle a des aîles
Qui vous feront voller aux cieux.

   Si vous auez deſir de boire
Du nectar que boit Iupiter,
Ie veux vous en faire gouter
Dedans la coupe de la gloire:
Celuy des Dieux n'eſt point plus doux
Que celuy qu'on verſe pour vous,
Car l'on connoît que nos remedes
Preſeruent le nom du trépas,
Et nous ſommes les Ganimedes
Qui feruons les Dieux icy bas.

Qu'vn Ange ait touſiours la main preſte
Pour détourner de vous le mal,
Et que le feu de Cardinal
Flambe bien-toſt ſur voſtre teſte:
Ia la Croſſe emplit voſtre main,
Que la Croix l'empliſſe demain;
Ne ſouffrez pas qu'vn grand domaine
Vous enrichiſſe en ces quartiers,
Il faut que la pourpre Romaine
Vous mette au nombre des portiers.

   Ce Prince eſt fils du dieu des armes,
Et frere du pere des loix,
L'eloquence anime ſa voix,
Et ſon viſage a tant de charmes,
Que ie ne vous abuſe pas
Quand ie iure ſur tant d'apas
Qu'il eſt l'ornement de la France,
Et qu'ayant la Mythre de Mets,
Il peut bien auoir l'eſperance
Du bon-heur que ie luy promets.

   Son front porte l'heureux preſage
Que mes vœux auront leur effet,
Puis qu'en luy c'eſt le moins parfait
Que la beauté de ſon viſage:
Pour mettre vn eſprit en ce corps,

                          A ij

Le Ciel a fait de tels efforts,
Que pour en dire la loüange,
Celuy-là n'a point enchery
Qui nous a fait croire qu'vn Ange
Est vêtu du corps de Henry.

A ce nom ma voix qui s'éclate
Auertit le peuple Romain,
Qu'auiourd'huy plustost que demain
Henry merite l'Ecarlatte.
O nom de renom immortel,
Pour vous mes vers font vn autel,
Dont les adorables exemples
Feront iuger à l'vniuers,
Que Saturne engloutit les temples,
Et qu'il ne touche point aux vers.

Meurent ceux qui veulent reuiure
Par l'eloge de leurs tombeaux,
Pour se deffendre des corbeaux
Ils s'arment de marbre & de cuiure:
Ce Dieu qui deuore les morts,
Afin de nourrir son grand corps
Peut metaux & pierres dissoudre,
Car sous les mesmes monumens
Auiourd'huy Rome voit en poudre
Et fondateurs & fondemens.

Le grand arreſt des deſtinées
Renuerſe les plus beaux palais,
Et les ſiecles n'ont veu iamais
Les vers obeyr aux années.
O toy qui t'ébahys à tort
Que les vers ont vaincu la mort,
Il faut qu'auec moy tu remarques
Que les neuf Muſes pluſieurs fois
Ont aisément vaincu les Parques,
Les Parques qui ne ſont que trois.

Le diuin Homere & Virgile
Ont-ils pas braué leurs ciſeaux?
Leurs quenoüilles & leurs fuſeaux
Ont-ils peu filer contre Achile?
Deſſous la faueur des lauriers
Des grands heros, & des guerriers.
La gloire des vers ſe conſerue,
Et ie ne m'en étonne pas,
Pourroit-on regarder Minerue
Sans voir le nom de Phidias?

Ce que i'écry ie le répette,
Vn Dieu me l'auoit deſia dit,
Si ſa parole eſt ſans credit
Mes vers veulent qu'on les reiette:
Batiſſez, dit-il, des autels,

*Auecque des vers immortels,
A ce prince qui le merite,
Puisqu'en son nom l'éternité,
Pour l'adopter seul, desherite
L'idole de la vanité.*

*Demon des vers qui prens la peine
De me visiter auiourd'huy,
Ie connoy bien que c'est pour luy
Que tu me réchauffes la veine;
Tes conseils semblent m'auertir
Que pour sa gloire il faut bâtir
Vn temple suiuant ton modelle:
C'est assez i'enten ta raison,
Ie prendray pour luy la truelle,
Puis qu'autrefois tu fus maçon.*

*Phœbus tu receus de l'outrage
Du mépris de Laomedon,
Laisse vn pariure à l'abandon,
Et viens aider à mon ouurage:
Ta main ayant desia fondé
L'autel que tu m'as commandé,
Ma tâche doit estre bornée;
Lors que l'on fait des bâtimens,
C'est bien vne grande iournée
Que d'en ietter les fondemens.*

LE PROCEZ
D'AMOVR.

AV ROY.

LE PROCEZ
D'AMOVR.

AV ROY,

Rand Roy dont la iuſtice égalle la vail-
lance,
A qui le ciel preſta pour berçeau la ba-
lance,
Puiſque de iour en iour heureuſement meſlant
La qualité de iuſte à celle de vaillant;
Des innocens bleſſez vous eſtes le refuge:
Donnez-vous auiourd'hui le loiſir d'eſtre iuge,
Ie preten deuant vous la mort d'vn immortel,
Et d'vn petit enfant faire vn grand criminel,
Dont la ieune malice eſt tellement fecon̄de,
Que meſme en ſe joüant il renuerſe le monde:
Ie plaide contre amour, mais vn heureux ſuccez
Couronnera la fin de ce fâcheux procez.
Si deuant que ie montre vne telle malice,
L'on vous bande les yeux qu'on bande à la iuſtice,

Car son crime est si beau, que le plus rigoureux
Aussi-tost qu'il le voit en deuient amoureux.
 Alors vous iugerez que par sa violence
Il est le seul auteur de mon ingrat silence,
Et vous verrez mon cœur qu'il a perçé de coups,
Indigné qu'il estoit que i'ay parlé de vous,
Et que le braue effort d'vne ame genereuse,
Me faisant mépriser la puissance amoureuse,
Armoit contre les traits de ce petit archer
Mon sensible estomach d'vn rampart de rocher,
Qui perçé par l'assaut d'vne diuine force,
N'a resisté non plus qu'vne legere écorce.
 Ainsi l'Amour tout nud me vainquit tout armé,
Ainsi par un beau corps mon esprit fut charmé,
Et de cet enchanteur si forts furent les charmes,
Que ie me dépoüillay pour combatre sans armes :
Mais puisque maintenant mon cœur s'est veuêtu
De celles que m'offroit autresfois la vertu,
Ie combatray celuy dont heureuse est l'offence,
Qui fait que ie l'accuse en si belle audience.
 Vingt ans estoient passez que i'auoy veu le iour,
Et vécu bien heureux en viuant sans amour,
Quand vn Ieudy de May mon ame fut saisie
Du reflus inconstant de cette frenaisie,
Et qu'vn mauuais démon m'osta le nom d'heureux,
Qu'il me fit échanger à celuy d'amoureux.
 Vn Saturne réueur noircissant ma pensée

D'vn fantafque chagrin, la tenoit oppreffée,
Quand ie fors du logis fous cet humeur reduit,
Et m'en vay vagabond où mon pié me conduit.
   Ie trouue vne fontaine au pié d'vne coline,
Qui faifoit vn ferpent de fon onde argentine,
Elle fur le fablon doucement gazouillant,
Alloit, fes plis crefpez l'vn fur l'autre roullant,
Se gliffer deffous l'herbe au milieu d'vne prée
Que la nature auoit par plaifir diaprée.
   Vn chêne s'éleuoit dont les rameaux épais
Sous leur ombre en tout têps couuent vn petit frais:
Car toufiours en ces lieux l'haleine de Zephire
Amoureufe des fleurs mignardement foupire,
Vne fueille qui touche à l'autre doucement,
Retouche vne autre fueille, & par ce mouuement
L'air étant ébranlé fe preffe & fe repreffe,
Et fait naître à l'entour vne douce molleffe.
   Les oyfeaux y prenans leurs plaifirs innocens,
A ce petit murmure accordoient leurs accens,
Au pied de ce grand chêne vn tertre qui fe pouffe
Me fit vn petit lit frifé d'vn bord de mouffe;
Là ie me couche à l'ombre; & malgré le foleil
L'ombre appelle à mes yeux les douceurs du sõmeil:
Mais helas! le foucy qui iufqu'au cœur me touche,
Pour ne fermer mes yeux me fit ouurir la bouche,
Et le fâcheux ennuy qni troubloit mon repos
Entretint ma colere auecque ce propos.

Astres qui commãdiez au iour de ma naiſſance,
Qui de me faire heureux auez eu la puiſſance
Quand vous vîtes du Ciel commencer le fuſeau
Des Parques qui filoient autour de mon berceau,
Découurez moy ſi lors qu'elles firent ma trame
Vous verſâtes le bien ou le mal dans mon ame?
Proche de mon Midy, i'ay paſſé le matin,
Sans ſçauoir où m'appelle à preſent le deſtin.
 Dois-ie ſuiure la Cour ou ſuiure la Iuſtice,
L'vne a peu de bonté, l'autre a trop de malice,
Et l'on n'a iamais veu naître vn vice nouueau
Que dedans vne Cour ou dedans vn barreau,
Le Louure & le Palais ſont pareilles écholes,
En l'vn & l'autre lieu ſe vendent les paroles,
Et les maîtres doĉteurs vous promettent ſouuent
Du bien & des honneurs, & vous baillent du vent:
Ne pouuant rendre ainſi mes libertez ſeruiles,
Les chãps me plaiſent plus que ne ſont pas les villes,
Et pouuant m'exemter de l'vne & l'autre loy,
Ie viuray deſormais pour la Muſe & pour moy.
 Mais que ſert le Parnaſſe, vne meſme fonteine
Ne verſe l'or au coffre & les vers dans la veine;
Les hommes ont blâmé ce langage des dieux,
Les Poëtes diſans qu'ils ſont venus des Cieux,
La terre n'a voulu leur donner de partage,
Leur laiſſant ſeulement à tous pour heritage
Des bois, vn môt, vn luth, vn antre & des lauriers,

Pauure succession pour beaucoup d'heritiers.
　Quitteray-ie Apollon? que si ie ne veux estre,
Afin de viure heureux, ny seruiteur ny maître,
Si ie veux m'éloigner du conseil des méchans,
Et si ie veux goûter l'innocence des chams,
Ayant quitté ce Dieu, trouuerois-ie vne étude
Qui peût entretenir ma longue solitude.
Non non : les eaux, les monts, les bois & les deserts
Seront à l'auenir le suiet de mes vers,
Ou bien estant lassé des chasses bocageres,
Ie chanteray l'amour que ie porte aux bergeres:
Mais que dis-ie l'amour, pourrois-ie estre amou-
　　reux,
Tout ensemble Poëte, & tout ensemble heureux,
Le bon-heur & l'amour ne sont ils pas contraires,
Le malheur & l'amour ne sont-ils pas deux freres;
Cet amour est-il pas ennemy du repos,
Le pere du desordre & l'enfant du cahòs,
Et bien que de Venus il emprunte la race,
Conçeu dedans ses yeux, moulé dessus sa face,
Animé de ses ris, auiué dans son flanc,
Il ne fut toutesfois éleué que de sang,
Semence martiale, & qui dans sa poîtrine
Loge les cruautez de sa dure origine,
Il se nourrit de mal, il ne boit que nos pleurs,
Et s'il est, comme on dit, tousiours entre les fleurs,
Celles qui de ses pas sont vne fois pressées

Se changent auſſi-toſt en de triſtes pensées.
  Voulant parler encor vn friſſon m'engourdit,
Et ma debile voix tout d'vn coup ſe perdit,
Ma langue ſans humeur à mon palais ſe cole,
Et pour neant ie veux délier ma parole,
Car le charme coulant du doux ſorcier des yeux,
De mes derniers diſcours me rendit oublieux,
Il fit pancher ma teſte, & m'oſtant la lumiere,
Il arreſta ma langue auecque ſa paupiere,
Non ie ne dormoy pas, car cela que ie vy
Fait croire que i'eſtois en extaſe rauy.
  Vn petit enfant nud ſortit de ce riuage,
Où ce chêne fueillu me preſtoit ſon ombrage,
Des roſes & des lys l'argent & l'incarnat
Combatoient à l'enuy ſur ſon teint delicat,
Vn pactole flottoit sur ſes épaules blanches,
L'or de ſes cheueux blonds lui pendoit iuſqu'aux
    hanches,
Et ſa peau molle & douce égale au ſatin blanc,
Groſſiſſoit vniment, & ſa cuiſſe & ſon flanc:
Les traits de la colere eſtoient peints ſur ſa face,
Deux aîles le portoient leger de place en place,
En témoignant aſſez par vn tel mouuement,
Qu'il eſtoit ſans raiſon comme ſans vétement:
La terre ſous ſes pas enfantoit des flaméches,
Son dos eſtoit armé d'vn carquois plein de fléches,
Sa main gauche d'vn arc, ſa droite d'vn flambeau:

Mais alors que ie vy qu'il portoit vn bandeau
Ie reconnu l'archer, ne pouuant plus sans larmes
Regarder Cupidon reuêtu de ses armes,
Pour ne me laisser vivre auec impunité
Du tort que i'auoy fait à sa diuinité.

 La peur donne à mes pieds des aîles pour la fuite,
Mais ie me vy pressé d'vne telle poursuite
Que ie m'arreste court, resolu pour le mieux,
Puisqu'il estoit bandé de n'éuiter ses yeux,
Mais d'esquiuer ses mains, il me prend, ie m'échape,
Il me suit, ie le fuy, mais en fin il m'atrape,
Pour ses aîles mon pas estoit trop inégal,
Mesme quand i'aurois eu Pegase pour cheual,
Ie n'aurois éuité sa fléche & la blessure,
Puisque son arc sans art frape au but de nature.

 Quel affront que de voir vn enfant si petit
Traîner vn homme au gré de son foible apetit,
Car alors sous ses piez pressant mon col esclaue,
Voila le compagnon (me dit-il) qui me braue;
L'effort des immortels ne me peut resister,
Et tu veux, foible humain, contre moy disputer,
Et de prés & de loin aux cœurs ie fay des bréches,
De prés i'vse de feu, de loin i'vse de fléches,
Si i'ay des fléches d'or, i'ay des fléches de fer,
Ceux qui n'aimēt mon ciel, i'ay pour eux vn enfer,
Du tort que tu m'as fait ie veux que la iustice
Me face la raison par vn cruel supplice;

Ie fay iuge Apollon de ta temerité,
Comme eſtant le ſupport de ma diuinité.
 Quand ie vy que mon ame eſtoit ſa priſonniere,
Ie tâchay de fléchir ce tyran par priere:
Mais auſſi-toſt vn vent plein d'orage & d'effroy
Emporte mes diſcours & mon corps auec ſoy:
Ie ſens à mes côtez qu'vn air épais me preſſe,
Et m'enleue d'icy d'vne telle viteſſe
Que l'haleine me faut, ne donnant pas aſſez
Et d'humide & d'éuent à mes poumons laſſez,
Sans aîles ie me vy volant deſſus la nuë:
Mais pouſſé que ie ſuis d'vne main inconnuë,
Mes ſens tout étonnez ne ſçauent ce qu'ils font,
Quand on me laiſſe à coup ſur la cime d'vn mont,
Où neuf filles chantoient auec telle harmonie,
Qu'encor que loin de moy la gay'té fut bannie,
Mes eſprits toutesfois ſe ſentirent ouuers
A la ioyeuſe humeur de compoſer des vers.
 Douce eſt l'inimitié que Cupidon nous porte,
Si ceux qu'il n'ayme point ſont punis de la ſorte,
Car pour auoir encor vn contentement tel,
Ie veux cent fois le iour me faire criminel.
 Que i'eu lors de plaiſir voyant ces neuf pucelles
Autour d'vn ieune Dieu qui dançoit auec elles
Le laurier à la teſte & le luth à la main,
L'éclat d'vne lueur qui n'auoit rien d'humain,
D'vn cercle rayonnant couronnoit ſon viſage,

Sa

Sa lumiere éclairoit tout ce beau paysage,
Où d'vn habit de fleurs les champs sont honorez,
Où toufiours le ciel rit, où les iours sont dorez:
L'on voit prés de ce mont la couche de l'aurore,
La grote des Zephirs & le palais de Flore,
De là l'on voit dormir dans les bois les Siluains,
Les Nymphes se ioüer, & nager dans les bains;
Vn soleil amoureux les défend de la glace,
Et l'ardeur de l'Esté sans effet les menace,
Car tous ces demy-dieux semblent viure contens
D'estre toufiours en terre & toufiours au printems.

Vn grand cheual aîlé sous les pas de sa courçe,
Au coupeau de ce mont fait saillir une sourçe,
Là ce troupeau sacré n'a l'vsage du vin,
Cette onde est le nectar & l'aliment diuin,
Qui sans rien emprunter de nostre nourriture,
D'eternelle vigueur repare leur nature.

Ce ieune demy-dieu, ces pucelles, cette eau,
Et ce cheual volant dessus vn mont iumeau
Asseurerent ma peur, montrant que cette place
Et que ce beau seiour estoit le vray Parnasse,
Qu'Apollon auoit là ramassé les douceurs
Qui pouuoient satisfaire aux souhaits des neuf
  sœurs.

Heureux trois fois celuy que leur faueur regarde,
Puisque viuant ici dessous leur sauuegarde,
Malgré tous les destins voulant le secourir,

B

Quoy que meure son corps son nom ne peut mourir
  Elles font boire vne eau dont la source possede
L'excellente vertu de ce diuin remede,
Quatre Prelats François gardiens de cette eau,
Font que les étrangers n'approchent du ruisseau,
Entre-autres i'aperceu qu'vn Prieur de Touraine,
Et qu'vn Abbé normand, courbez sur la fontaine,
Beuuoient à pleine gorge au milieu du canal,
L'autre estoit vn Euesque, & l'autre vn Cardinal,
Lesquels estant polis plus qu'aucun de la troupe,
Pour plus de netteté beuuoient dans vne coupe,
Leurs esprits delicats aimoient l'ombre & le frais,
Et pressez de la soif beuuoient à petits traits,
Car ils ont veu souuent creuer d'hydropisie,
Vn foible esprit enflé par trop de poësie.
  Ceux-là qui sont trop gros ne peuuent s'aprocher
Du coupeau sourcilleux de ce rude rocher,
Les autres pour monter n'ont pas assez d'haleine
Ny de vigueur assez, ny de sang dans la veine,
Pour gaigner par trauail tant de sentiers pierreux,
Et vaincre l'âpreté de ce roc raboteux.
  Là les termes choisis, le concours des voyelles,
La cadence des mots & des rymes nouuelles,
Ont fait vn corps de garde à l'entour des lauriers,
Et peuuent par contrainte arrêter prisonniers
Ceux qui veulent monter, s'ils ne sçauent la mode
De presenter aux Rois, pour passe-port, vne Ode,

Qui face confeſſer qu'auec heureux ſuccez,
La nature à la Cour a gaigné ſon procez,
Et qu'il eſt arrêté que celuy qui remâche
Tant & tant de lauriers, ne fait rien que de lâche,
Fantaſque, mal-plaiſant, & du tout inciuil,
Où le ſeul naturel n'a rien que de gentil:
 Cependant que rauy i'admiroy ces merueilles,
Vn bruit inopiné me frapa les aureilles,
Ie vy que les neuf ſœurs s'en alloient tour à tour,
Le reſpect ſur la face, au deuant de l'Amour,
Les habitans du mont témoins de ſa puiſſance,
Iuroient, le ſaluant, nouuelle obeïſſance:
Mais alors qu'Apollon eût leu dedans ſes yeux
Qu'il auoit du dépit, il iura tous les dieux
D'employer ſon pouuoir au châtiment ſeuere
Du coupable ſuiet d'vne telle colere.
 De cette triſte cauſe aurois-ie bon ſuccez,
Si Phœbus eſt mon iuge & partie au procez,
Ie reclame chacun, & chacun m'abandonne,
Ie demande aide aux dieux, & nul d'eux ne m'en
  donne:
Qui peut côtre l'Amour me defendre auiourd'huy,
Les hommes maintenant & les dieux ſont pour luy.
 Si ie parle aux neuf ſœurs mes pleurs ſōt inutiles,
Ie ne ſçay quel ſecret abuſe ces neuf filles,
Mais la virginité n'eſt plus dans ce troupeau,
Et l'Amour & Mercure ont trop beu de leur eau,

B ij

Ils ont tous deux dancé trop long-temps auec elles,
Pour les laiſſer encor & belles & pucelles.
 Vne ſeule pour moy s'animant de pitié,
Me promit contre Amour des effets d'amitié,
Vranie eſt ſon nom : comme eſtant ma Deeſſe
Elle voulut guider ma premiere ieuneſſe,
Et maintenant elle eſt mon vnique recours,
Pour détourner le mal du bon-heur de mes iours.
 Si l'Amour auiourd'huy m'aſſaut par tyrannie,
I'auray pour mon ſecond au combat, Vranie,
Si la terre eſt pour luy, le ciel eſtant pour moy,
Nous verrons qui des deux me doit donner la loy.
 Ainſi pour reſiſter à l'effort de l'orage,
L'eſperance nouuelle appelloit mon courage,
Mais il ne peut iamais trouuer place en mon cœur
Qui n'auoit lieu chez ſoy que pour loger la peur,
Mon mal ne peut guerir, c'eſt en vain qu'on le flate,
Car lors que i'inſtruiſoy ma nouuelle aduocate,
Apollon & l'Amour baſſement diſcouroient,
Et contre ma franchiſe enſemble coniuroient.
 Apres que leur discours eut conclu ma ruine,
Apollon au milieu de ſa troupe diuine
Monte deſſus ſon trône, où couurant d'équité
Ce que ſon iniuſtice auoit premedité,
Il demande à l'Amour de quel crime il m'accuſe,
Sçauoir ſi i'ay failly par ieuneſſe ou par ruſe:
Cupidon étonné de ce promt changement,

Allume dans son cœur vn feu si vehement,
Que vaincu par l'effort de cette violence,
A demy furieux il rompit le silence.

 Ie ne seray donc plus au rang des immortels
Puisqu'on me fait debatre auecque les mortels ?
Mettez mon temple bas, ostez le sacrifice,
Renuersez mes autels de Paphos & d'Erice,
Qu'on ne m'adore plus, ie suis sans deïté,
Puisqu'vn mortel m'offence auec impunité ;
L'on me dispute à tort ce qu'à droit ie possede,
Et pour ma legitime il faut donc que ie plaide ?
Ce qui m'estoit certain, ie suis bien malheureux,
Par ma simplicité de le rendre douteux.

 Ma gloire (disoit-il) est maintenant gâtée
Par les vers venimeux de sa langue empestée,
Vient-il pas de noircir par ces derniers discours
L'innocente blancheur des plus chastes amours.

 Apres auoir au long exaggeré ce crime,
Par des promts mouuemens sa colere il exprime,
Il disoit, redoublant son éclatante voix,
Me veut-on refuser l'autorité des loix ?
Les Dieux ont-ils lié les mains à la iustice ?
Puisqu'on voit vn tel crime auiourd'huy sans su-
   plice ;
Encor que ma parole ait assez de credit,
Ie vous iure, Apollon, qu'il est vray qu'il a dit,
Sacrilege qu'il est, que toute poësie

         B iij

Conjointe auec l'amour n'eſt qu'vne frenaiſie:
Afin que voſtre nom volât par l'vniuers,
I'ay prêté mille fois mes aîles à vos vers,
Que ſi i'en ſuis blâmé, voulez-vous que i'endure
Que les bien-faits rendus ſoiët payez d'vne iniure.

  Quand ſur les ieunes cœurs vous auez diſputé
D'auoir abſolument l'entiere authorité,
Promettant l'vn à l'autre vne aide mutuelle,
Ce contrat ancien finit noſtre querelle;
Que pour eſtre Poëte il faut eſtre amoureux,
C'eſt pourquoy par ce droit, i'ay raiſon quãd ie veux
Que ce brutal qui porte vn rocher pour vne ame,
Sente auſſi bien mon feu qu'il a fait voſtre flame.

  Le Iuge à ce propos montre qu'il eſt tout preſt
De tonner contre moy quelque fâcheux arreſt,
Lors que pour m'affranchir de cette tyrannie,
I'apelle à mon ſecours la bouche d'Vranie
Laquelle me défend, & par la grauité
De ce diſcours, fait honte à ce ieune éuenté.

  Les dieux dõnent à l'hõme au iour de la naiſſance
Le droit du franc arbitre, auec telle puiſſance
Que l'acte qu'il doit faire eſtant de liberté,
De ne le faire pas eſt à ſa volonté:
Donc le pauure innocent qu'on accuſe en ce ſiege,
Authoriſé du droit d'vn ſi beau priuilege,
Commet-il vne offence alors qu'il ne veut pas
Que les traits de ſa plume adioûtent des apas

Aux attraits de l'amour? par vn effet contraire,
Voulez-vous le forcer à m'estre refractaire?
Il m'a donné son cœur, voulez-vous me l'oster?
Contre la volonté que sert de disputer:
La puissance, l'amour, la beauté, le merite
Ne trouuent point Cephale au cœur d'vn Hippo-
      lyte,
Il m'a promis sa foy, considerez son vœu,
Et n'allez pas mêler la flamme auec le feu,
Car celuy dont la plume à l'amour se marie,
Conioint vne fureur auecque vne furie.
Vrayment il a raison ce petit éhonté,
Que l'on l'adore en vers, petit nain auorté,
Non germe de Venus, mais de quelque vilaine,
Qui des rentes du lit augmente son domaine.

  Ie ne m'étonne plus si l'amour est amer,
Puis qu'on dit que sa mere est fille de la mer,
Et la mer & l'Amour sont cause du naufrage,
Et la mer & l'Amour ont l'amer pour partage,
Et la mer est amere, et l'Amour est amer,
L'on s'abime en l'Amour aussi bien qu'en la mer.
S'il est batard de Mars il se plaît à la guerre,
Et de troubler tousiours le repos de la terre,
S'il est fils de Vulcan, son plaisir & son ieu
Est de brûler le monde & d'y mettre le feu,
Soit donc qu'il soit batard, soit qu'il soit legitime,
Il doit estre du fer ou du feu la victime.

                     B iiij

Lors se tournant vers moy, laisse cet animal,
Mon enfant (me dit-elle), il ne fait que du mal.
   L'Amour ne goûtant pas cette parole amere,
Relâche à frains baissez la bride à la colere,
Qui luy fait reuenir par vn sang vif & promt
La parole à la bouche & la couleur au front.
   Venez me secourir, ô Venus, ô ma mere,
Sçachez que l'on m'apelle vn germe d'adultere,
Que coula dans vos flancs l'incestueux delit
De celuy qui faussa la foy de vostre lit,
On blâme de nous deux la diuine naissance,
Ie l'endure, on le dit & mesme en ma presence,
Ie veux quitter mon arc et ma flèche en ce lieu,
Et nud me dénuer des qualitez d'vn Dieu;
Que seruiroit mon arc si ie n'ay plus de flèches?
Que seruiroient mes traits s'ils ne font plus de
         bréches?   (Dieux?
Que m'aporte l'honneur d'estre au nombre des
Pour pleurer librement qu'on débande mes yeux;
Encor apres m'auoir dépoüillé de mes armes,
Laissez-moy mon bandeau pour essuyer mes larmes.
   O puissant Iupiter! ie remets en vos mains
Le pouuoir que i'auoy d'engendrer les humains,
Ie ne sucreray plus d'vn plaisir fauorable
De l'vnion des corps la douceur desirable,
Appelant les mortels par cette volupté,
A l'ouurage immortel de leur mortalité.

Qu'vn autre plus heureux à l'ēploy de ces peines
Meurisse la semence au dedale des veines,
Rende leurs reins feconds, réueille leurs desirs,
Renouuelle leur sang, r'apelle leurs plaisirs,
Et trouue le secret d'vn aise qui leur laisse
De ses chatoüillemens la flateuse molesse.
 Encor n'ay-ie rien fait qui fut malicieux,
Que lors que les Beautez m'ont logé dãs leurs yeux,
Et l'on dit toutesfois que ie commets le vice,
Et que les femmes sont exemtes de malice.
 Malheureux que ie suis : il regardoit les cieux,
Et répetant ces mots, il s'essuyoit les yeux.
 Où me suis-ie perdu? que ie pers le courage:
Non non, ne pleuron plus, vangeon-nous de l'ou-
  trage,
Que la loy soit pour luy, la nature est pour moy:
La nature est tousiours plus forte que la loy:
Ie veux me satisfaire, & qu'vn nouueau supplice
Soit l'exemple immortel des coups de ma iustice:
Ecoutez, Apollon, à mon commandement,
Rengez ce criminel, qu'on le face, autrement.
 Apollon aussi tost craignant ce temeraire,
Lequel bandoit son arc sans consulter l'affaire,
D'vn port maiestueux ses sourcils il fronça,
Puis le silence fait l'arrest il prononça;
Ie declare, dit-il, le défendeur coupable,
Et le condamne à faire vne amende honorable,

La torche ardante en main, en chemise, à genous,
Et qu'il sera contraint maintenant deuant nous
De dire à haute voix que l'Amour est son maître,
Qu'il est son seruiteur, & qu'il veut tousiours
  l'estre:
Cependant Cupidon tu pourras t'en saisir
Comme de ton vassal, tel est nostre plaisir.
 Et moy, dit Cupidon, i'adioûte pour suplice,
Que du bien desiré iamais il ne iouïsse,
Et qu'vn espoir trompeur abusant ses souhaits,
Luy promette tousiours ce qu'il n'aura iamais,
Siluandre & sa maîtresse auront vne mesme ame,
L'vnion du desir & l'vnion de flame:
Mais voulant me venger malgré tous ces accords,
I'empêcheray tousiours l'vnion de leurs corps,
Et n'osant disputer contre la resistance,
Il fléchira tousiours au gré de l'inconstance,
Puisque ses passions changeront plus souuent
Ses fragiles desseins, que ne fait pas le vent:
Ses premieres amours le verront variable,
Ses secondes amours le verront miserable:
Ie ne dy plus qu'vn mot, les destins sont fâchez
Que ie reuele icy leurs mysteres cachez:
Encor que contre luy par rigueur ie commence,
Peut-estre qu'à la fin i'auray de la clemence.
Ce doux nom de clemence ayant banny ma peur,
Au seruice d'Amour assujetit mon cœur,

*Et ma voix que mes dents retenoient comme é-
    teinte,*
Auec ces mots chaſſa les efforts de la crainte.
    Pardon ſi i'ay failly contre ta deïté,
Ma faute eſt le deſir de viure en liberté,
Tes dernieres douceurs meritent mon ſeruice,
De ta religion ie veux eſtre nouice.
    Muſes ie ſuis perdu ſi vous n'aidez mes pas,
Celuy qui me conduit luy-meſme ne voit pas,
Pour l'amour de l'Amour faites-moy cette grace
Que i'étanche ma ſoif deſſus voſtre Parnaſſe,
Vn ſi gentil enfant ſeroit-il ſi brutal,
Puiſque ie ſuis à luy, de me faire du mal?
    Suiuons, me dit l'Amour, ce que le ſort ordonne,
L'arreſt des immortels n'en diſpenſe perſonne:
I'ay leu dans les deſtins que diuerſes beautez
Charmeront tes eſprits ſelon mes volontez,
Tu ſeruiras Marie, & par apres Heleine,
Vne Amaranthe apres, puis vne Madeleine,
Ie ne dy pas comment le nœu de mes douceurs
Lacera, ſans laſſer, & vos corps & vos cœurs,
Mais celle qui ſera de luy bien-toſt cherie,
Elle porte le nom amoureux de Marie.
    I'écoutoy ce diſcours quand ce petit archer,
Ayant ſon arc bandé, commence à décocher
Sa fléche dans mon cœur, & du coup ie m'écrie
Que i'ay le cœur bleſſé des beautez de Marie;

L'Amour s'en réjoüit, & puis il s'enuola,
Sa fléche me fit mal, & ce mal m'éueilla.
 Mon Prince vous voyez quelle fut sa victoire,
Que si ie ne sçay point la fin de cette histoire
Regardez mon visage, elle y paroît bien mieux,
Puisque les passions l'ont peinte dans mes yeux.
 Ie brûle, & toutefois il faut que ie perisse (cisse:
Auiourd'huy par les eaux comme vn second Nar-
Mais puisque tant de pleurs ne peuuent m'assecher,
Pour ne sentir l'amour que ne suis-ie vn rocher:
Mes yeux que tant de pleurs qui m'épuisent les vei-
Ne sont-ils ramassez pour faire des fonteines, (nes
Ma maîtresse en cette eau verroit ses cruautez,
Et moy dedans cette eau ie verroy ses beautez.
 Mes vœux sont exaucez, mais ie ne sçay quels charmes
Ont fait une fonteine auec l'eau de mes larmes,
Sans doute vn art magique a dépeint les tableaux
Dont les images vains nagent dessus les eaux.
 Secourables Demons qui volez par le monde
Arrêtez vous icy, que quelqu'vn me reponde,
Ma bouche ne veut pas vous tenir prisonniers
De la mesme façon que celle des sorciers,
Dites-moy seulement, Demons, ie vous coniure,
Est-ce vous ou l'Amour qui fait cet imposture?
Qui de vous ou de luy me va representant
Les portraits que ie voy dans ce miroir flotant.

Ou soit que la nature, ou soit que la magie
Face de ces beautez la nageante effigie,
Courageux ie verray maintenant sans effroy,
Les objets que cette eau presente deuant moy.
 Ie n'ay plus de suiet de craindre dauantage,
De ces corps bien-aymez ie connoy le visage,
Qu'on regarde mon cœur, il a les mesmes traits
Et les mesmes couleurs, & les mesmes portraits.
 Mon Prince voyez-vous au milieu de cette onde
Le visage enfantin d'vne petite blonde?
Il semble que quelqu'vn a tout exprés meslé
Vne rose nouuelle auec du lait caillé,
Et qu'il eut le dessein en faisant ce mélange
De faire pour mes yeux le visage d'vn ange:
Vn ange, qu'ay-ie dit, les maux que i'ay souffers
Montrent que c'est plutost vn esprit des enfers,
Qu'Amour pour me punir fit naître vne furie
Qu'il voulut déguiser sous le nom de Marie:
Ses yeux pour me brûler ne lançoient que des feux,
Afin de m'enchaîner elle auoit des cheueux,
L'Amour pour me trahir formoit ses artifices,
Qui dessus vos autels ont pris mes sacrifices;
Et i'eusse sans cela fait reconnoître à tous,
Que i'auois vne main qui n'immoloit qu'à vous.
 L'autre qui me soûrit auec sa belle bouche,
Et dont la flame encor dedans cette eau me touche,
Par les puissans attraits d'vn seul de ses sous-ris,

*Autrefois m'attira d'Orleans a Paris,
Pour elle en mesme iour mon cheual a peu boire
Dans le fleuue de Seine & dans celuy du Loire,
Pour elle un mesme iour m'a veu, Docteur nouueau,
Le matin à l'école & le soir au barreau:
Merueille, elle estoit belle, & n'estoit point cruelle,
Mon amour receuoit vne amour mutuelle,
Seule elle estoit mon tout, & seul i'estois son bien,
Elle estoit mon amour, & seul i'estois le sien:
A nos ieunes desseins s'éleuoit vn obstacle,
Que l'Amour nous promit de rompre par miracle;
Les Sages mesmement parlerent aux demons,
Sur les chiffres meslez des lettres de nos noms:
Mais vn respect humain, inhumain & barbare,
Rompant ces nœuds sacrez, maintenãt nous sepaɾe,
Et mon cœur plus hardy mettroit tous ses effors
A faire maintenant ce qu'il ne fit alors,
Helene estoit son nom, ah repentance vaine!
Que n'estois-ie vn Paris pour rauir cette Heleine.
 A ce rauissement qui m'auroit resisté?
I'eusse rauy son corps & non sa volonté,
La mienne vn an de tems fut par elle rauie,
Au lieu de vous seruir vn an ie l'ay seruie,
Punissez-la, mon maître, elle vous a rauy
Vn an durant lequel ie vous eusse seruy.
 La frayeur m'a surpris, i'ay perdu le courage,
Ie n'ose regarder ce troisiéme visage,*

Icare temeraire, il n'eſt permis qu'aux dieux,
Et de ne brûler pas & de voir ſes beaux yeux,
Voila mon Amaranthe, & tout enſemble celle
Qui merite le nom & l'honneur d'immortelle,
Ie diray ſeulement à celuy qui n'a pas
L'honneur de la connoître & de voir ſes apas,
Qu'elle eſt vne Princeſſe, & que i'eu l'aſſeurance
D'aimer, en la ſeruant, la plus belle de France:
O vers que i'aime tant, dites à l'vniuers
Qu'vne Princeſſe m'aime à cauſe de mes vers,
Si ie peche en l'aimant, ie feray penitence
D'auoir trop tard commis vne ſi belle offence.
— *Mon Prince, permettez que ie contemple encor*
De ce front que ie voy les cheueux qui ſont d'or,
Et qui flotent, ce semble, auec cette fonteine;
Par ces attraits ſi beaux ie connoy Madeleine:
Que ſi cette eau donnoit le paſſage à ſa voix
Dont elle peut charmer les aureilles des Rois,
Alors vous iugeriez mon amour raiſonnable,
Car vous reconnoîtriez combien elle eſt aimable:
Mais vn diſcours ſi vray vous donne du ſoupçon,
Diſant que mon amour auroit de la raiſon,
Si la raiſon guidoit l'eſprit de ce folâtre,
Mon eſprit feroit-il ſans raiſon idolâtre
De tant d'autres beautez qu'vn magique pinceau
Me preſente en portrait dans le creux de cette eau?
Temeraire Ixion, aimeray-ie des nuës?

En aimant ces beautez qui me sont inconnuës,
Ixion n'embrassa que de l'air épaissy,
Et ce n'est que de l'eau qu'on me presente icy.
 O brasiers amoureux qui consommez nos ames,
Maintenant par mes yeux faites sortir vos flames
Pour assecher cette eau que ie vay regardant,
Et dont le froid cristal m'est vn miroir ardant:
Mais qui peut empêcher que la froideur ne face
Changer cette fonteine en vn miroir de glace?
Et la flame & la glace y seruiroient bien peu,
Puisque cette fonteine est de larmes de feu.
 Grand Roy, le saint Esprit vous a donné les armes
Dont le pouuoir vous sert à combatre les charmes,
Sa croix que vous portez peut seule en vn moment
Deliurer mon esprit de cet enchantement,
Tarissez cette mer où mon erreur me plonge,
Ostez de mon esprit & l'amour & mon songe,
Auecque vos rayons, mon vnique soleil,
Dissipez les frayeurs de ce fâcheux sommeil,
Si mon ame s'éueille elle sera guerie,
Puisque le mal d'amour n'est qu'une rêuerie.
 Que l'amour soit vn feu, malgré tous ses brasiers,
Puisque pour me sauuer vous auez des lauriers,
Ie me ry de ses traits, & ne crain plus sa foudre,
Phœbus m'a condamné, vous me pouuez absoudre,
Estant nostre Apollon, le Parnasse François
A qui vous commandez, n'obeït qu'à vos loix.
           L'Amour

L'Amour est criminel, il faut que la iustice
Soit pour luy sans clemence, & nõ point sans suplice,
Son crime est aueré, que sert d'en discourir,
Iugez par quel tourment on le fera mourir :
Le suplice du feu punit les sacrileges,
Qu'il meure donc au feu, mais non, ses sortileges
Amafferoient les pleurs de tous les amoureux,
Qui feroient vne mer pour éteindre ces feux :
Que les eaux pour sa mort en tourmens soient fe-
    condes,
Non, les feux de l'Amour affecheroient les ondes,
Qu'il meure sur la terre en quelqu'autre tourment,
Non, il est trop leger pour vn tel element,
Que l'on trouue dãs l'air quelques peines nouuelles :
Mais non, pour se fauuer il trouuera ses ailes,
Que sert-il de chercher vn suplice nouueau?
L'échafaut est tout prest, qu'on appelle vn bourreau,
Qu'il en meure, mon Prince, accordez ma requeste,
Il est desia bandé, qu'on luy coupe la teste.

LA DESCRIPTION DV TEMPLE DE LA IVSTICE.

Dedié au Roy Louys le Iuste.

Par Monseigneur le Comte de Moret.

LA DESCRIPTION
DV TEMPLE DE
LA IVSTICE

Dedié au Roy Louys le Iuste.

Par Monseigneur le Comte de Moret.

Lors qu'il défendit en presence de sa Majesté ses propositions de Philosophie.

L'Autheur vous décrit icy l'ordre du tableau, pource qu'il auoit assujetty ses vers au dessein du Peintre.

La perspectiue de ce temple cachoit le dehors, & faisoit paroitre seulement le dedans ; Au milieu de la place estoit peint le lit de Iustice, qui portoit cette inscription,

Ingredere in vacuas regum iustissime sedes.

Cette inscription faisoit connoître que la Iustice auoit reserué cette seance au Roy, qui le premier auoit porté le nom de Iuste.

AV ROY

Rand Roy, qui seul entre les Rois
Meritez le titre de Iuste,
Que les armes & que les loix
Rendent également auguste;
Tousiours vainqueur, tousiours heureux,
Entrez secondé de nos vœux,
Où la Iustice vous apelle,
Puisque vous estes son époux,
Vostre lit doit estre pour elle,
Et son lit doit estre pour vous.

Destins prononcez hardiment
Qu'à ce Monarque chacun cede,
Et qu'il possede iustement
La Iustice qui le possede;

Il est l'amour de l'vniuers,
Il est la terreur des peruers,
Il est vn Achille aux alarmes,
Aux conseils il est vn Nestor,
Mais il ne prend le fer des armes
Que pour rendre le siecle d'or.

Le Roy seant au lit de Iustice, estoit vêtu de la pourpre, ayant la couronne en teste, l'épée en vne main & le sceptre en l'autre ; Quatre Roys que l'ancienneté a rendus recommandables par la Iustice, auec vn geste de submission, sembloient s'estre dépoüillez de leurs marques Royales de Iustice, pour en reuêtir sa Majesté regnante.

LA Iustice qui l'a monté
Sur son lit pompeux de ses marques,
Fléchit selon sa volonté,
Les cœurs de ces quatre Monarques,
Chacun d'eux s'entre veut rauir
La gloire de le mieux seruir:
Que si leurs gestes nous promettent

Que son seruice est leur bon-heur,
Voyez-vous pas qu'ils se submettent
Afin d'éleuer son honneur.

L'vn luy met le sceptre en la main,
L'autre de pourpre l'enuironne,
De l'vn, le glaiue souuerain,
De l'autre il reçoit la couronne.
Vrayment les cieux font vn effort,
Pour faire vn Prince & iuste & fort,
Qui sçait gouuerner & combatre:
Et ie pense que c'est pourquoy
Ils en ont fait dépoüiller quatre,
Et n'ont vêtu que nostre Roy.

A chaque costé de ce temple paroissoit vn autel, & ces deux autels auoient diuers ornemens : Sur le premier l'on auoit peint vne balance marque de Iustice ; Et la naissance du Roy au mois de Septembre donna sujet à cette marque, auec cette deuise,

Nascentem te libra capit.

L'on auoit peint sur le second, la Voye

de lait, dans laquelle paroissoit vne estoille; Et pource que vne estoille qui n'auoit iamais paru, fut remarquée en cette partie du Ciel, quelques iours auparauant la naissance du Roy, l'õ y adioûta cette autre deuise,

Conceptum noua stella beat.

Lors que ce Prince vit le iour,
Les astres en faueur d'Astrée,
D'vn aspect plain d'heur & d'amour
Regarderent cette contrée.
Mais quand la Iustice aperçeut
Combien de colere conçeut
L'iniustice à cette naissance,
Pour preseruer l'enfant nouueau,
Elle voulut que sa balance
Luy seruit mesme de berçeau.

Le ciel aussi fit voir des pas
Marquez sur la blanche carriere,
D'vne estoille qui n'auoit pas
Encor découuert sa lumiere:
Apollon qui veut qu'en mes vers
Tels mysteres soient découuers,

M'aprend que c'eſtoit la Iuſtice,
Qui ſeruant ce Prince à ſouhait,
Alloit pour eſtre ſa nourrice,
Dans ce chemin prendre du lait.

La voûte de ce temple eſtoit ſoûtenuë de quatre piliers, & ces quatre piliers portoient quatre ſtatuës de quatre Roys de France ſignalez par la Iuſtice : La premiere eſtoit celle du Roy Clouis, avec cette deuiſe, *Vota Deo ſoluit.* La ſeconde, celle de Charlemaigne auec cette deuiſe, *Fideique vlciſcitur hoſtes.* La troiſiéme eſtoit la ſtatuë du Roy ſaint Louys, auec cette deuiſe, *Iura frequens populo dabat.* Et la quatriéme eſtoit celle du Roy Louys à preſent regnant, auec cette deuiſe, *Iuſtus in omnes.*

L'ordre de ces quatre Roys eſt fort remarquable, tant pour leur ſucceſſion à la Couronne, que pour le rang &

les degrez de Iuſtice des vns & des autres, pource que de Clouis à Charlemaigne l'on conte vingt Roys. De Charles à ſaint Louys encor vingt Roys. Et de ſaint Louys iuſques au Roy ſe trouuent encor vingt autres Roys.

*L*E *Ciel qui trauaille beaucoup*
Pour compoſer les grands ouurages,
N'a donné iamais coup ſur coup
Au monde deux grands perſonnages:
Les eſprits qui forment leurs corps,
Sont gardez dedans ſes treſors,
Les vents, les tonnerres, les pluyes
Sont ſes paſſe-temps inégaux,
Mais la façon des grands Genies,
Eſt le ſuiet de leurs trauaux.

De vingt en vingt Roys ſeulement,
Pour ce Royaume il a fait naître,
Quatre Roys que fatalement
La Iuſtice a fait reconnoître;
Clouis les autres preceda,
Vingt Rois apres luy ſucceda
Charles le grand, l'autre vingtaine

Donna sainct Louis aux François,
Et l'autre d'apres nous ameine
Vn Roy plus iuste que ces trois.

Les effets diuers de la Iustice distributiue seruoient auec diuers simboles aux enrichissemens du temple.

Vn soleil leuant attiroit les yeux par la douceur de sa clarté, & d'autre part vn soleil brûlant en son Midy, éblouïssoit les yeux auec l'ardeur de sa lumiere; la liberalité d'vn costé appelloit les cœurs nobles, auec cette deuise, *Aurea corda trahit*. Et la force d'autre costé auec cette deuise, *Ferrea corda domat*, domtoit les cœurs des indomtez; le sçeptre du Roy sur la pointe duquel paroissoit vn œil, défendoit les vns, & son épée menaçoit les autres.

CEux que n'a vaincus vostre amour,
Ont esté vaincus par vos armes,

Soleil naiſſant dont le beau iour,
Diſſipe nos nuits & nos larmes,
Soit en hyuer, ſoit en eſté,
Touſiours, touſiours voſtre clarté
Et luit & brûle tout enſemble,
Et le courage plus hardy,
Le plus ſouuent de frayeur tremble
Aux ardeurs de voſtre Midy.

Si l'aſpect d'vn viſage doux
Vous rend à vos ſujets traitable,
La Iuſtice qui regne en vous,
Vous rend aux meſmes redoutable:
L'vn ſçait des cœurs d'or triomfer,
Et l'autre rompt les cœurs de fer,
L'œil de voſtre ſçeptre regarde
Vos ſujets d'vn aſpect humain,
Mais l'on vous craint quand on prend garde
Que le glaiue eſt en l'autre main.

La Rochelle renuerſée ſeruoit de victi-
 me à la Iuſtice de cette épée.

VN ſeul party s'eſt reuolté
 Contre cette épée inuincible,
Aux attraits de voſtre bonté,
Montrant qu'il eſtoit inſenſible:

Que s'il reste sans sentiment,
I'en reste sans étonnement,
Sçachant que ce party rebelle
Ne se laisse à l'amour toucher,
Puis qu'ayant pour chef la Rochelle,
Il auoit le cœur de rocher.

On doit leur crime detester,
Et ce m'eût esté violence,
D'estre obligé de le flater
Par le respect de mon silence:
De qui ne seront condamnez
Ces cœurs à la guerre obstinez,
Si du roc où l'orgueil les monte,
On ne les voit precipiter,
Le foudre en rougira de honte
Entre les mains de Iupiter.

Deux Aigles faisoient l'épreuue de leurs aiglons à ces deux soleils, vne palme & les recompenses estoient d'vn costé du lit de la Iustice, vne masse & les suplices estoient de l'autre.

C*Ependant Aigle genereux*
Seruez à vos enfans de pere,

D'autre costé punissez ceux
Qui réueillent vostre colere;
Aux merites donnez l'honneur,
Et la récompense au labeur:
Afin que la peur du suplice
Face voir le crime abatu,
Montrez vostre massuë au vice,
Et vostre palme à la vertu.

La modestie du Prince qui dedioit ce temple à la Iustice du Roy, pour le remercier de ses liberalitez, le fait seruir de cette conclusion.

Mais ie crain fort que contre moy
Vostre Iustice ne s'irrite,
Que i'ay receu de vous, grand Roy,
Les bien-faits que ie ne merite,
L'amour du sang à cette fois
L'emportera dessus les lois:
Et pour me défendre au contraire,
Il me suffira feulement
Que vous me nommez vostre frere,
Pour les meriter iustement.

A MESSIRE ALEXANDRE DE FAVCON CHEVALIER, SEIGNEVR DE RY ET DE Charleual, &c. Premier Preſident au Parlement de Normandie.

VOEV DE SILVANDRE.

Sur le ſujet du Temple de la Iuſtice.

Iuge des Iuges l'exemple,
Chery du peuple, aymé des Rois,
Receuez le deſſein d'vn temple
Qu'on bâtit au pere des loix;
Mais puis qu'il faut que l'on bâtiſſe
Ce temple au nom de la Iuſtice,
Vos actes de Iuge ſont tels,
Qu'auparauant que l'on le traçe,
Il faut ſçauoir en quelle place
L'on mettra pour vous des autels.

Contre vne tempête ciuile,

Quand

Quand le secours de vostre voix
Fit venir dedans nostre ville
Le Roy, les armes & les loix:
Nous deuions par reconnoissance
Des effets de cette puissance,
Auec raison confesser tous,
  Que depuis la mort d'Alexandre,
  L'on n'a veu personne entreprendre
D'estre Alexandre comme vous.

  Ces vers içy que ie vous porte,
Partent d'vn cœur deuotieux,
Car ie vous parle de la sorte
Que ie voudroy parler aux Dieux:
Que si la peinture viuante
Du pinceau parlant que ie vante,
Me fait vn Apelles nouueau,
Permettez moy de l'entreprendre,
Vous serez le seul Alexandre
Que ie reserue à mon pinceau.

PARAPHRASE
SVR LE PSEAVME, Benedicite omnia opera Domini Domino.

Eigneur, toutes choses creées
Puissent benir tes mains sacrées
Qui du neant formerent tout:
Et que l'honneur que l'on te donne,
Infiny comme ta personne,
Ne puisse auoir iamais de bout.

Que le sujet de tes loüanges,
Serue à la musique des Anges,
Et que les ordres glorieux
Que ce grand corps celeste enserre,
Aprennent tousiours à la terre,
L'honneur que te rendent les cieux.

O Lune, ô brillantes étoiles,
Et vous qui dissipez les voiles
Des nuits & des iours nuageux:
O beau Soleil, clarté premiere,
Benissez Dieu, dont la lumiere
Allume, & fait luire vos feux.

Benissez le Seigneur, tempestes,
De ce qu'il a fait que vous estes
Le frain & l'effroy des méchans:
Et vous benissez, ô rosée,
Cette main qui vous a versée,
Afin de réjouyr nos chams.

Petits zephirs, douces haleines,
Delices des eaux & des plaines:
Pour porter par tout l'vniuers
L'honneur de la gloire eternelle,
Esprits volans, prêtez vostre âile,
Ainsi que ie prête mes vers.

Esté, chaleurs, foudres, orages,
Hyuer, glaces, neiges, nuages,
Benissez à tous les momens,
Par vn Cantique de loüange,
Celuy-là qui iamais ne change,
Et qui fait tous vos changemens.

Aurore, agreable courriere,
Iour & nuit, tenebres, lumiere,
Que vostre contrarieté,
De qui l'effet nous est notoire,
S'acorde à publier la gloire
De l'eternelle maiesté.

Afin que nul ne vous oublie,
Seigneur, que la terre publie
Voſtre nom tant & tant de fois,
Qu'autant que nous auons d'aureilles
Pour en écouter les merueilles,
Puiſſe-elle auoir autant de vois.

Beniſſez le Seigneur, campagnes,
Prez & bois, vallons & montagnes,
Beniſſez le Seigneur, ruiſſeaux,
Grandes mers, petites fonteines,
Beniſſez-le grandes baleines,
Beniſſez-le petits oyſeaux.

Loüons le Seigneur, nous qui ſommes,
O Iſrael, enfans des hommes,
Que ſi les beſtes icy bas
Le beniſſent dans leur eſtable,
Nous ayant l'eſprit raiſonnable,
Pourquoy ne le loürion-nous pas?

Que les Preſtres dedans leurs temples,
Par leurs adorables exemples
Te façent rendre de l'honneur:
Que l'humble qui deuant toy tremble,
Et que le iuſte tout enſemble,
Beniſſe ton nom, ô Seigneur.

Que non seulement les Conciles,
Les decrets & les Euangiles
Nous facent adorer ton nom:
Mais que la guerre en ses alarmes,
L'aprenne même à ses gendarmes
Auec la bouche du canon.

Ainsi trois innocentes ames
Vous loüoient au milieu des flames,
O Seigneur, qui dans l'infiny
Des tems, des heures, des iournées,
Des mois, des saisons, des années,
Et des siecles seras beny.

A
MONSEIGNEVR
LE DVC DE CHEVREVSE.

L'Honneur des actes immortels,
N'apartient qu'à la voix des Anges,
Grand Prince les vostres sont tels,
Qu'ils sont dignes de leurs loüanges:
Mes respects n'osent auoüer
Ma langue qui veut vous loüer;
Car la vostre seule est capable
D'exprimer par vn sens parfait,
Combien chacun trouue admirable
Tout ce que vostre main a fait.

Apres tant & tant de combats,
Où l'on vous a veu si bien faire,
Vostre vertu n'en parlant pas,
Me commande assez de me taire,
De vous seul ie veux receuoir

Toutes les loix de mon deuoir:
Mais les honneurs que l'on doit rendre
A vos merites, m'ont enjoint,
Quoy que vous puissiez me défendre,
D'obeïr iusques à ce point.

 Quand ie diray que vostre main
Se fait redouter à la guerre,
Et qu'vn visage plus qu'humain,
Vous fait aymer dessus la terre:
Quand ie diray que vos valeurs,
Ont rendu vos destins meilleurs,
Et dissipant tous les obstacles,
Ont bâti vos prosperitez,
Autant diray-ie de miracles,
Que ie diray de veritez,

 Ie doy commencer ce propos,
Par où commença vostre peine,
Le trauail & vostre repos
Se sont suiuis comme vne cheîne:
Le flateur qui parle si doux,
Ne confit point son miel pour vous,
Puisque sa langue enuenimée
Ne peut abuser de vos sens,
S'il veut qu'on paie sa fumée,
Qu'il vende autre part son encens.

Ayant vaincu tous les malheurs,
Vous triomphez de leurs ruines,
Pour dormir vn iour sur les fleurs,
Qu'auez-vous fait sur les épines?
L'honneur vous suit de toutes parts,
Vous le trouuez dans les hazards,
Et quoy que vomisse à la guerre
La gueule des foudres guerriers,
Vous n'en craignez pas le tonnerre,
Apres auoir tant de lauriers.

Quand ce miserable dessein,
Qui vous osta vostre patrie,
Vous eut arraché de son sein
Pour vous enuoyer en Hongrie:
Ayant veu comme vos douceurs
Sçauoient par tout gaigner les cœurs,
Si ie perds des Princes si rares,
Nous dit la France à cette fois,
Les François feront des barbares,
Et les barbares des François.

Lors que l'on vous fit reuenir,
La France oyant la reprimande
Du ciel, qui pour vous retenir
Vouloit refuser sa demande:
Luy fit vne promesse alors.

Qu'elle emploiroit tous ses effors,
Afin de reparer l'offence;
S'obligeant de payer un iour
L'amende d'vne telle absence,
Par les interests du retour.

A ce retour victorieux
L'on vit la rage de l'enuie,
Auec des soins laborieux
Trauerser toute vostre vie:
Contre vous elle coniura,
Et la fortune luy iura,
Que les aduersitez nouuelles,
Vous persecutant sans raison,
Luy fourniroient tousiours des aîles
Pour sortir de vostre maison.

Heureux pour vous fut ce serment,
Car puisqu'elle est vne volage,
Ou tost ou tard son changement
Deuoit estre à vostre auantage,
Aussi grands qu'estoient vos ayeux,
Grand Prince, vous auez comme eux
Fait cet affront à la fortune,
Les malheurs estans abatus,
D'auoir eu malgré sa rancune,
Ce que meritoient vos vertus.

Auec des efforts indomtez,
Voſtre courage qui la braue,
Nous a fait voir de tous côtez,
Que la fortune eſt voſtre efclaue;
Les malheurs faiſoient des mutins
Contre les arreſts des deſtins,
Afin d'aider cette rebelle:
Mais le Ciel en eſtant marry,
Vous fit donner en dépit d'elle,
Celle qu'aymoit ſon fauory.

La nature fit vn effort,
Pour faire vne telle Princeſſe,
Et le Ciel du premier abort,
La reconnut comme Deeſſe;
Les aſtres en creurent autant,
Et fauorables à l'inſtant
De ſa bien heureuſe naiſſance,
Ils la virent des meſmes yeux,
Dont leur fatale bien-veillance
A regardé naître les Dieux.

On maria cette beauté
Au plus fortuné de la France,
Luy mourant, elle a merité
D'auoir le plus grand en vaillance:
A ce coup seul ce braue cœur,

Perdit le titre de vaincœur,
Qu'eût-il fait contre tant de charmes?
Cette Venus dans ses regars,
Montra bien qu'elle auoit des armes
Qui pouuoient vaincre nostre Mars.

Vous qui voyez leuer le front
De ce bâtiment magnifique,
Vous voyez les fruits qui naîtront
De cette concorde pudique:
Les Dieux seuls pourront dignement
Loger dedans ce bâtiment;
Que si quelque mortel l'habite,
Il n'apartient qu'au fils d'vn Roy,
Ou personne ne le merite,
S'il n'est neueu de Godefroy.

Ie suis au bout de mes souhaits,
Immortels ie vous remercie,
Vous m'auez mis dans le palais
Où vous mettez la courtoisie;
Que mon Prince viue long-tems,
Et mes desirs seront contens:
Car ainsi feray-ie paroître
Combien i'estime la faueur,
Qu'apres auoir fait vn tel maître,
Vous m'en faites le scruiteur.

A MONSIEVR
DE CHANVALLON
Agent en France, povr
son Alteſſe de Lorraine.

On deuoir plus fort que la crainte,
Apres un long retardement,
M'a délié de la contrainte
Qui retenoit mon iugement:
Redeuable à vos bons offices,
Ie preſente pour ſacrifices
Mon cœur, mes vers, & mes eſprits,
De vous ſeruir c'eſt où i'aſpire,
Mais n'ayant oſé vous le dire,
Pardonnez-moy ſi ie l'écris.

   Vous ſçauez combien en Lorraine
I'ai receu de iuſtes plaiſirs,
Et là qu'vne main ſouueraine,
Voulut ſeconder mes deſirs:
Mais puiſqu'il eſt tres-veritable
Qu'vn grand Duc me fut fauorable,
Par la raiſon de vos conſeils;
La reconnoiſſance me preſſe

D'auoüer que Nestor en Grece
N'en donna iamais de pareils.

   La bonté de ce ieune Prince
Me fit aussi-tost receuoir,
Et les faueurs de sa prouince,
Et les effets de son pouuoir:
Si bien que l'aise me fit dire,
Allemans quittez vostre Empire
Pour auoir l'heur dont ie ioüis,
Il faut auoir Charles pour maître,
Ou bien plutost il vous faut estre,
Comme moy, suiets de Louis.

   Chanuallon, que les destinées
Puissent pour toy changer leur cours,
Afin d'alonger tes années
Qu'elles racourcissent mes iours:
Mais desia le ciel, quand i'y pense,
T'a fait goûter la recompense
De tout ce que iamais tu fis,
Puisque l'Eglise & la noblesse
Ont pour secours, quand on les blesse,
La plume & le fer de tes fils.

   Ma vie doit estre occupée
Pour vous seruir en vous aymant,

Afin d'attirer mon épée,
Voſtre douceur a de l'aimant:
Que ſi ſelon voſtre coûtume,
Vous choiſiſſez plutoſt ma plume,
Afin d'éterniſer vos ans,
Par des plumes touſiours nouuelles,
Mes vers deplumeront les aîles,
Que les deſtins donnent au temps.

Cependant que la Normandie eſtoit infectée de la peſte, Siluandre alla prendre l'air dans le pays d'Anjou, le principal du College de la Fléche, autresfois ſon maiſtre dans les Echoles, l'ayant retenu quelques iours, ſa courtoiſie l'obligea à ce remerciement.

La recherche des neuf Muſes dans le College royal de la Fléche.

APres tant d'ouurages diuers,
Il faut que pour vous ie compoſe,
Puiſque par vous ie parle en vers,
Puiſque par vous ie parle en proſe:
De la mer viennent les ruiſſeaux,

A la mer retournent leurs eaux,
Mes vers sont fruits de vos écholes,
Pour vous payer de vos bien-faits,
Receuez de moy des paroles,
Ne pouuant receuoir d'effets.

Mais quel sujet dois-ie choisir,
Afin que ie puisse vous plaire,
Ce doute fait que i'ay desir,
Pour vous obliger de me taire:
Que si vous voulez aduoüer,
Ma plume qui vous veut loüer,
Vous deux rendrez vostre memoire
Loüable à la posterité,
Vous en meritant cette gloire,
Elle en disant la verité.

Vous me regardez de trauers,
En parlant de vostre loüange:
Pour vous faire aggréer mes vers,
Le suiet de mes vers se change;
Me traitant icy cherement,
Vous m'obligez tacitement
A vanter l'honneur du College,
Mais loüant ce seiour Royal,
Pour commencer encor diray-ie
Que vous estes le principal.

Parmy les nouueaux bâtimens
On y voit des restes antiques,
Que des toits iusqu'aux fondemens
Nous deuons tenir pour reliques:
Suffise que l'on a nourry
Dedans ces lieux le grand Henry:
Que si ny les arcs ny les armes
N'ont fait peur à ce nourriçon,
Il se souuenoit aux alarmes
Que la fléche estoit sa maison.

Pourroit-on oublier iamais
Ce Monarque, honneur de la terre,
Qui pour nous faire viure en paix,
Recherchoit la mort à la guerre:
Tousiours, tousiours dedans nos cœurs
Seront grauez ses faits vainqueurs,
Et pour faire que l'on conserue
La memoire de ses hazars,
On a fait demeurer Minerue
Ou demeuroit ce ieune Mars.

Le temps auecque son effort,
La medisance auec la Parque,
Ne pourront iamais faire tort
A la gloire de ce Monarque:
Afin de combatre pour luy,

La ieuneſſe vient auiourd'huy
En ce lieu, de chaque Prouince,
Quinze cens cœurs, trois mille bras
Défendent le cœur de ce Prince,
Sous les enſeignes de Pallas.

   Ces grands guerriers nos vieux Gaulois,
N'eurent iamais telle police,
Le chef peut tout auec ſa voix,
  Sur cette petite milice;
L'obeïſſant eſt le ſoldat
Le plus courageux du combat:
Il eſt vray, leurs loix ſont tres-belles:
Mais qui voit ſans étonnement,
Que neuf ſœurs, neuf foibles pucelles,
Gouuernent vn tel regiment.

   Par la malice des peruers,
Cette troupe eſtant vagabonde,
Elle parcourut l'vniuers,
Et ce lieu ſeul luy pleût au monde:
L'air en eſt doux, le pays bon,
Et bien qu'aux grandeurs de Bourbon
Nulle autre grandeur ne s'égale,
Ne deuion-nous pas ſouhaiter
Vne maiſon qui fût royale
Pour les filles de Iupiter?

                                           E

Bâtiment qui charmes mes yeux,
Petits ruisseaux, vigne feconde,
Beau iardin, parc delicieux,
Que quelqu'vn de vous me réponde :
Ie vous coniure, dites-moy
Qui de vous tous loge chez foy
Le faint troupeau que ie demande
Depuis dix ans auec foucy,
I'ay cherché par tout cette bande,
La trouueray-ie pas icy ?

Grands arbres qui nous défendez
De la chaleur par vos ombrages,
Beaux promenoirs qui nous rendez
Si plaifans ces petits boccages,
Les Mufes viennent quelquesfois
Ioüer à l'ombre de ce bois,
Laffes du trauail ordinaire,
Mais elles demeurent fi peu,
Qu'il faut bien eftre temeraire
Pour les interrompre en leur ieu.

Ces berçeaux couuerts du iardin,
Ces parterres, ces palliffades
Leur feruent par fois au matin
Pour trois ou quatre promenades :
Mais qui voudroit les arréter,

Quand on les y voit mediter,
Ie fuy quand vne eau diaphane
Les inuite à voir son surgeon,
Peut-estre là quelque Diane
M'y feroit estre vn Acteon.

Ie sçay que par fois elles vont
Composer sur quelque coline,
Si ie trouue icy quelque mont,
I'y cherche leur troupe diuine:
Mais prophane arréte tes pas,
De tous côtez ne voy tu pas,
Que ces montagnes sur leur croupe
Ne portent rien que du raisin?
Et les Muses ont vne coupe,
Où l'on ne verse point de vin.

L'on dit que Bacchus amoureux,
Brûle icy pour l'vne d'entr'elles,
Et que pour alentir ses feux,
Il veut abuser ces pucelles;
Voyez l'esprit de ce trompeur,
Sçachant que les Muses ont peur
De l'écarlatte de sa trongne,
Afin d'attirer leur troupeau,
Icy ce cauteleux yurongne
Fait que le vin a couleur d'eau.

*Par dessus tous les bâtimens
Paroît vn dome à la Romaine,
Superbe d'enrichissemens
S'éleue sa teste hautaine:
Au dedans dix arcades vont
Courbans, sourcilleuses, leur front,
Qui s'orgueillit de la dépense
Des piliers qui portent leur fais,
Et c'est en ce lieu que ie pense,
Que les Muses ont leur palais.*

*Vne sainte horreur m'a surpris,
Entrant dedans ces lieux augustes,
Fuyez hors prophanes esprits,
Ce lieu ne reçoit que les iustes:
Henry viuant l'eut pour berçeau,
Son cœur mourant l'a pour tombeau,
Et quelque part que ie regarde,
Les Muses n'ont point cet honneur,
D'auoir eu ce cœur en leur garde,
Car saint Louys garde ce cœur.*

*I'oy des voix qui charment mes sens,
Sortir de ses classes voûtées,
Et ie les iuge à leurs accens,
Estre dignes d'estre écoutées:
Le Grec, le Latin, le François,*

Est le langage de ces voix,
Qui nous disans les faits étranges
De la nature; par raison
Si ce n'est l'école des Anges,
Les Muses font icy leçon.

Cette Cour me rend étonné,
Alors que ie n'y voy personne,
Et qu'vne cloche ayant sonné,
Que tant de monde l'enuironne:
En fin mon tems sera perdu,
Apres auoir bien attendu,
Mes recherches sont inutiles,
Que sert d'en dire les raisons,
Car les neuf Muses sont des filles,
Et ie ne voy que des garçons.

Parmy les autres i'aperçois
Plusieurs habits longs de la sorte,
Que sur Parnasse quelquefois,
Chacune des neuf Muses porte,
Apres tant de peine & d'ennuy,
I'ay veu les Muses auiourd'huy:
Mais c'est trop tost que ie me vante,
Les Muses sont neuf seulement,
Et i'en ay veu deux cens cinquante
Entrer dedans ce bâtiment.

Seray-ie en fin priué du bien,
Qu'en bien cherchant ie me propose,
Cherchant par tout, ne trouuant rien,
Et par tout trouuant quelque chose:
Icy n'est point le double-mont,
Cependant les Muses y sont,
I'en ay mille preuues sensibles
Oyant leurs voix, voyant leurs pas,
Si leurs corps ne sont inuisibles,
Pourquoy ne les verray-ie pas?

Vous de qui le commandement
Sert icy de loy souueraine,
Dites-moy le departement,
Où loge leur sainte neufuaine,
I'en demande nouuelle à tous,
Mais chacun me radresse à vous;
Vaine esperance, tu m'amuses
D'vn parc, d'vn iardin, d'vn valon,
Où pourrois-ie trouuer les Muses,
Que dans la chambre d'Apolon?

LE SOLITAIRE.

Greable forest où i'ay comme en depos
De mon cœur trauaillé, consigné le repos,
Où mon esprit flotant a trouué son riuage,
Que ie t'ayme, ô forest, & que le bruit sauuage
Des arbres, de Zephire, & des oyseaux du bois
A mon aureille triste, est vne douce vois.

 Arbres, Zephirs, oyseaux, fideles secretaires
Du penitent Siluandre, en ces lieux solitaires,
C'est vous seuls qui sçauez mes soins & mes regrets,
A vous seuls i'ay voulu découurir mes secrets:
Non, ce sont des regrets qu'il ne faut que ie cache,
Non, ce sont des secrets que ie veux que l'on sçache,
Et pour ne les tenir dauantage couuers,
Ce que i'ay dit au bois, ie l'écry dans ces vers.

 La naissance m'aprend qu'il faut que l'homme meure,   (re,
Tres certaine est ma mort, tres douteuse en est l'heu-
A tous les mesureurs ie demande vn compas
Qui me puisse marquer le point de mon trépas:
Mais ie ne peux trouuer ny compas, ny figure
Qui des longueurs des ans m'enseigne la mesure,
Dans l'abîme profond des diuins iugemens
L'éternel a caché le nombre des momens,

Qui doiuent compoſer le tems de nos iournées,
Et s'arréter au point dont elles ſont bornées,
Qu'on ne peut allonger par vœux ny par ſouhaits,
Et que le cours humain n'outrepassa iamais.
 Nous mourrons, Dieu l'a dit : toutefois l'homme penſe
Que l'on peut appeler d'vne telle ſentence,
Car il vit comme ſi la main du Medecin
Pouuoit caſſer l'arreſt de ſa derniere fin:
Puiſque dans les plaiſirs ſa raiſon qui s'enyure,
Luy promet fauſſement l'eſpoir de touſiours viure,
Et l'ignorant qu'il eſt ne conſidere pas,
Qu'il va par ce chemin galopant au trépas,
Et que ſa mort doit eſtre au meſme inſtant ſuiuie,
Pour ne mourir iamais d'vne eternelle vie.
 O plaiſirs paſſagers de noſtre vanité!
Eſtes vous donc ſuiuis de quelque eternité?
Eternité de bien, éternité de peine,
Lors que ie penſe à toy tu m'aſſeches la veine:
Ma plume ny mes vers ne peuuent plus couler,
Ma langue s'engourdit, ie ne peux plus parler:
Gouffre d'éternité, tu n'as ny fond ny riue,
De la fin de tes iours iamais le iour n'arriue,
Et ce iour éternel qui touſiours s'entre-ſuit,
Aux plus clairs iugemens n'eſt qu'vne obſcure nuit:
Que ſi quelqu'vn te nomme alors que ie l'écoute,
Helas éternité mon eſprit ne voit goute!

Tous les siecles qu'on peut figurer par les sens,
Les cens de milions, les miliars de cens
Ne font d'vne minute vne moindre parcelle,
Si l'on les veut marquer à l'horloge éternelle.

  Condamner par arrest vn pauure criminel
Aux brûlantes douleurs d'vn tourment eternel:
Eternel, las! helas! pecheur, vn tel suplice
Le nommes-tu rigueur, le nommes-tu iustice.

  Arréte ce discours folle temerité,
Adore la Iustice en la seuerité
D'vn tourment infiny, dont la faute est punie
Du mortel offençant la personne infinie:
Vien admirer plutost comme par l'équité
De la mesme Iustice, vne autre egalité,
Voulant recompenser les ames vertueuses,
D'vn bon-heur infiny, les rendra bien-heureuses.

  Heureuse éternité, tes beaux iours que i'attens
Ameneront au monde vn éternel prin-tems,
Vn aurore sans nuit, vn soleil sans nuage,
Et la tranquilité d'vn calme sans orage,
Eternité, repos de nos esprits lassez:
Ainsi comme ont vescu tous les siecles passez,
Les siecles à venir viuront sans te connoître,
Le monde par sa fin commencera ton estre:
Mais ce qui doit alors embellir l'vniuers,
Ne peut estre dépeint par le pinceau des vers.

  Quoy que nostre mollesse en flattant persuade,

L'excez rend le plaisir le plus doux, le plus fade,
Auon-nous quelque sucre ou quelque volupté,
Dont l'vsage frequent ne nous ait dégoûté,
Car la delicatesse au milieu de son aise
N'a point tant de douceurs, que le miel n'en dé-
   plaise,
Lors que trop d'abondance en nos contentemens,
Relâchant nostre cœur, lasse nos sentimens,
Puisque le corps ne peut prendre sa nourriture
Quand il a son repas tousiours de confiture.
  La seule éternité nous rendra possesseurs
Des plaisirs rauissans que l'on goûte aux douceurs
D'vn objet qui presente à l'œil vne ambrosie,
De qui le suc diuin iamais ne rassasie :
La vision d'vn Dieu, que l'homme doit aymer,
Est vne belle source, ou plutost vne mer,
Où l'ame qui s'y baigne, heureusement surnage,
Sans craindre que iamais elle y face naufrage :
C'est là que l'amour trouue vne solidité,
Dans l'objet infiny de la diuinité,
Puisque sa iouïssance est de telle durée,
Que dans l'éternité sa gloire est assurée ;
Certitude eternelle, en toy tous nos plaisirs
Ont borné leur espoir, car quoy que nos desirs
Se figurent de beau, de doux & d'agreable,
A ta felicité nulle autre est comparable,
Et nos cœurs & mes vers, en ce bon-heur diuin,

Trouuent, lors que i'y penſe, & leur but & leur fin.
 Siluandre meditant tenoit vn tel langage,
Quand le ruſtique employ d'une charge ſauuage
L'apelloit aux foreſts, où ſeparé du bruit,
De ce lieu ſolitaire il recueilloit le fruit,
Et de ſon ſaint diſcours l'ardeur eſtant paſſée,
Ces vers ſur le papier déchargeoient ſa penſée.

LE TABLEAV
DE LA BEAVTE' DE LA
Mort, présenté par Hylas, Seigneur de merite, lequel ne pouuoit goûter les felicitez de la vie dans les apprehensions de la mort.

A mort n'est qu'vne femme. ainsi qu'Hy-
las la nomme,
Hilas c'est donc à tort
Que ton ieune courage estant au cœur
d'vn homme,
Craint la main de la mort.

La mort n'a rien d'affreux, elle est toute paisible,
Ceux que sa fléche attaint
N'ont iamais raporté qu'elle fût si terrible,
Que la peur la dépeint.

Regarde ce dormeur, c'est sa viuante image,
Remarque chaque trait,
Et voy que la beauté qu'on voit dans son visage,
Est dedans ce portrait.

Le sommeil & la mort également aimables,
Ne sont point differens,
La nature auroit tort d'auoir fait dissemblables,
Deux si proches parens.

Au repos du sommeil la mort n'est point côtraire,
C'est la mesme douceur:
Et lassé, te plains tu si rechercheant le frere
Tu rencontres la sœur.

Que l'homme donc s'asseure, ayant en sa pensée
Chaque fois qu'il s'endort,
Que pour reuiure encore il fit la nuit passée
Vn essay de la mort.

Quiconque des mortels iniustement murmure
De la loy du trépas,
Il deuoit, receuant l'estre de la nature,
Prier de n'estre pas.

Si l'ame dans le corps est dans vn esclauage,
Auec quelle raison
Te plains-tu qu'on a fait, pour l'oster de seruage,
Des clefs à sa prison.

Tu te laiſſes à tort abuſer à l'enuie
De l'immortalité:
Penſes-tu preſeruer le verre de ta vie
De la fragilité?

Si l'air par le defaut, ſi l'eau par l'abondance
T'étouffe en vn moment,
Voy tu pas que tu vis deſſous la dépendance
Du plus ſimple element.

L'vn deſſus l'échafaut fait vne tragedie
De la fin de ſes iours,
L'autre dedans le lit voit qu'vne maladie
Finit le meſme cours.

L'vn meurt en ſon enfance, & l'autre en ſa ieu- (neſſe,
On ne peut l'éuiter,
Et l'on n'a reculé la mort de la vieilleſſe
Que pour mieux la goûter.

Ecoute ta raiſon de ce mal qui t'enyure,
Elle te veut guarir,
N'échange pas, dit-elle, au doux plaiſir de viure,
La crainte de mourir.

As-tu peur qu'aux feſtins la mort pour te ſur- (prendre
Ne cache du poiſon?
Comment veux-tu mourir, ſi le grand Alexandre
Mourut de la façon?

Quand le Ciel deſſus toy pourmenera ſon foudre,
Tu ne peux échaper,
Eſtant vn coup du Ciel, dois-tu pas te reſoudre,
Si Dieu te veut fraper.

Réiouy-toy plutoſt, quand le tonnerre gronde,
Sans t'étonner ſi fort,
Le Ciel fait ce grand bruit pour auertir le monde
Qu'il prepare la mort.

Si du ſang des ſoldats vne lame trempée
T'ateint mortellement,
Penſe que de mourir auec vn coup d'épée,
C'est mourir noblement.

Mouron ioyeuſement auec le bruit des armes,
Et le ſon des tambours,   (larmes,
Baignon-nous dans le ſang, ſans nous baigner de
A la fin de nos iours.

Suiuon ces voix d'airain qui ſonnent les appro-
De nos derniers momens,   (ches
Laiſſon pleurer apres les femmes & les cloches
Deſſus nos monumens.

N'attendon pas au lit que l'âge nous aſſomme
Par ſanglos étouffans,
Ce n'eſt pas en ce lieu que doit mourir vn homme,
Où naiſſent les enfans.

Tout le bronze & le marbre, & ce qu'on peut dé-
Pour armer les tombeaux, (pendre
Sert aux morts seulement afin de les défendre
De la faim des corbeaux.

Lors que tu voy la mer, ton courage succombe
Au lieu de t'animer,
Aurois-tu sur la terre vne plus grande tombe,
Qu'au milieu de la mer?

Peut-estre que la peur d'estre sans sepulture
Te donne ses frissons,
Dy moy de qui vaut mieux estre la nourriture
Des vers ou des poissons.

Il faut alaigrement à la mort se resoudre,
Et ne la craindre pas, (poudre,
Si vifs nous sommes terre, & morts nous sommes
C'est peu que le trépas.

Si l'on pleure en naissant, en mourāt l'on doit rire,
Car les pleurs du berçeau
Enseignent que le mal de la naissance est pire
Que celuy du tombeau.

La mort s'enfuit de ceux qui la veulent poursui-
Et l'on la voit courir (ure,
Seulement apres ceux qui veulent tousiours viure,
Et iamais ne mourir.

Tant

Tant plus on me dira que sa fléche est cruelle,
Et son arc outrageux,
Moins ie seray timide, & plus en dépit d'elle
Ie seray courageux.

Car alors qu'on l'empêche avecque tant de peine
D'entrer en la maison,
Elle en ouure la porte auec des mains de laine,
Et prend en trahison.

Il est vray que la faim, & la peste, & la guerre
Sont des coups furieux,
Mais Dieu par ce moyen, ne depeuple la terre
Que pour peupler les cieux.

La grandeur qui distingue vne maison royale
De celle des bouuiers:
Loge la mort chez soy, qui sans choisir, égale
Les sçeptres aux leuiers.

Le fort qui tousiours grōde, ayant fait que l'orage
Est dessus toy fondu,
Si perdant tous les biens, tu ne perds le courage,
Tu n'auras rien perdu.

Rien n'arriue pourtant que Dieu ne le permette,
Et le moindre animal,
Sans le vouloir diuin, quoy que le fort promette,
Ne peut auoir de mal.

F

Le monde n'eſt qu'vn flus & vn reflus qui chan-
    Ce qu'on void icy bas: (ge
Que s'il eſtoit conſtant, ce ſeroit choſe étrange
    Si le ciel ne l'eſt pas.

Quoy qui puiſſe arriuer, ferme, ie me propoſe
    De le voir ſans ennuy:
L'homme eſt bien inconſtant ſi ſon cœur ne repoſe,
    Quand Dieu veille pour luy.

Si de te faire mal tout le monde s'efforce,
    Faut-il deſeſperer:
Dieu meſure le mal, & puis ſelon ta force
    Il te faut endurer.

Alors que de tes biens la fortune ſe iouë,
    Le ciel veut t'éprouuer:
Il ne faudra demain qu'vn autre tour de rouë
    Afin de t'éleuer.

Tu prendras pour objet la volonté diuine
    En tes plus grands trauaux:
Soit pour viure ou mourir, elle eſt la medecine
    Qui guerit de tous maux.

Hilas ce dernier trait, de toute ma peinture
    Eſt le trait le plus beau:
Et de peur de gâter vne choſe ſi pure,
    Ie leue le pinceau.

ELEGIE,

Sur le desastreux combat de N. amy de Siluandre, qui dans l'auantage de la victoire fut malheureusement tué par son ennemy.

Ous qui voyez combiē le sort cruel des armes
    M'a causé de douleurs:
Plus cruels serez-vous, si vous lisez sans larmes,
    Le sujet de mes pleurs.

Mon Euriale est mort, & son Nisus fidelle
    N'a pû le secourir:
Sans toy, fâcheuse absence, vne mesme querelle
    Nous auroit veu mourir.

Mais la Parque ayāt sceu ce qu'en nostre ieunesse
    Nous nous estions promis,
L'attaqua, separé, connoissant sa foiblesse,
    A vaincre deux amis.

Si le Ciel dãs nos corps logeoit au lieu d'vne ame,
Vne mesme amitié:
Pourquoy suis-ie viuant, s'il permet qu'vne lame
En coupe la moitié?

Destins qui me l'auez iniustement rauie,
Sans plus me consoler:
Afin que vous m'ostiez le reste de la vie,
Ie veux vous appeler.

Si ce pieux dessein qui presse mon courage,
Ne me reüssit pas:
Au moins mon Euriale aura cet auantage
De suruiure au trépas.

Pour l'immortaliser l'on doit voir occupées
Les neuf sœurs auiourd'huy:
Et nos plumes feront ce qu'alors nos épées
Ont deu faire pour luy.

Courage, genereux, qui pour vne victoire,
Comme les plus vaillans,
Au peril du combat, as prolongé ta gloire
Et racourcy tes ans.

Pourrois-tu desirer de nous quelque vengeance,
Si tu fus assez fort
De tuer en mourant, voulant que ta vaillance
Seule vengeât ta mort.

O mon cher Euriale, au moins reçoy mes larmes,
    Puisque ton cœur trop franc
Ne m'ayant appelé pour seconder tes armes,
    N'a pas receu mon sang.

Laisse moy sur la terre en de nouuelles peines,
    Et vy content és cieux :
Car ce que ie voulois qui sortit de mes veines,
    Sortira de mes yeux.

LE TOMBEAV DE LA
Sœur de Siluandre.

Tombeau que l'on a fait de la sœur de Siluādre
    Trop tost le possesseur;
I'épand sur toy les pleurs que ie n'ay peu répandre
    Sur le corps de ma sœur.

Mais, barbare, pourquoy faut-il que tu rauisses
    Ce que i'ay tant chery,
Et les cieux tant aimé, pour estre les delices
    Et l'amour d'vn mary.

Que si desia son âge approchoit de ce terme,
    Auec quelle raison
Les cieux ont-ils souffert que la Parque l'enferme
    Dedans cette prison.

L'amour contre la mort eût disputé pour elle,
S'ils l'eussent auerty:
Mais comment n'eussent-ils aidé cette rebelle,
S'ils estoient du party.

Car jaloux que la terre eut seule l'auantage
D'auoir vn corps si beau,
Il en ont repris l'ame, & laissé pour partage
Le surplus au tombeau.

LE TOMBEAV DE LA
Tante de Siluandre.

O Pierre que ie voy sur cette sepulture,
Si mesme plus que toy mon ame deuient dure
  Dedans vn cœur de chair:
C'est de peur que mes yeux n'assechassét mes veines,
  Qu'en se faisant fonteines,
Ils en ont pris la source en vn cœur de rocher.

 Vn rocher c'est bien dit, car ma perseuerance
A regretter ma perte, a reduit ma constance
  A telle qualité;
Qu'en tous ces accidens mon naturel aproche
  De celuy d'vne roche,
Reserué qu'il n'a pas l'insensibilité.

Non, i'ay tort, son trépas me fut si fort sensible,
Que trop de sentiment me rendit insensible,
  Puisque malgré mes vœux
Ie perdy mon espoir en perdant vne tante,
  Qui fut estant viuante,
Plus que mere à ses fils, & mere à ses neueux.

Nous portions mesme nom dãs vne mesme ville,
Ie l'appellois le cœur du corps de la famille:
  Et tant de differens
Qui du iour de sa mort ont commencé de naître,
  Nous ont bien fait connoître
Qu'on trouue peu d'amis, & beaucoup de parens.

Destins, i'ay trop senty l'effet de vostre enuie
Quand vous m'auez priué d'vne si douce vie;
  Mais malgré vous, peruers,
Si mon nom est écrit au temple de memoire,
  De la main de la gloire,
Son nom en mesme lieu sera mis dans mes vers.

PARAPHRASE
SVR LA PROSE, Dies iræ, dies illa, &c.

N iour viendra que le Meſſie
(Dit Dauid dans ſa Prophetie,
Et la Sibile dans ſes vers)
Doit par ſa iuſtice reſoudre,
En vne étincelante poudre,
Ce grand œuure de l'vniuers.

A qui ne ſera redoutable,
De ce tribunal équitable
L'irremiſſible auſterité:
Quand priuez de toutes défences,
Nous verrons iuger nos offences
Par la meſme ſeuerité.

Lors vne trompette éclatante
Portera par tout l'épouuante:
Et du plus profond monument,
Contre les loix de la nature,
Arrachera la creature
Pour entendre ſon iugement.

La mort en tremblera de crainte,
Voyant la nature contrainte
De nous r'animer malgré foy :
Mais quand ce Iuge en fa prefence
Fera voir quelle eft fa puiffance,
Elle en doit mourir de l'effroy.

Lors s'ouurira le grand volume,
Efcrit d'vne celefte plume,
Qui contient les actes humains :
Où felon les chofes écrites,
Les vertus & les demerites
Sentiront l'effet de fes mains.

Là les fautes les plus celées
Seront au monde reuelées,
Là les crimes les plus cachez,
Paroîtront deuant la lumiere,
Et le fecret & la priere
N'y couuriront plus les pechez.

Si deuant luy le iufte même,
Tremblant, a le vifage blême,
Qui me donnera de l'accez
Deuant ce Iuge inexorable,
Que diray-ie alors, miferable,
Et qui défendra mon procez.

Sainte Maiesté que i'adore,
Seigneur ne me iugez encore,
Helas souuenez-vous, mon Roy,
Que pour mon salut vous naquîtes,
Que pour mon salut vous patîtes,
Hé donc, mon Sauueur, sauuez-moy.

Pour moy sur la terre vous fûtes,
Pour moy sur la Croix vous mourûtes,
Apres m'auoir esté si bon:
A celle fin que la Iustice,
A ce grand iour ne me punisse,
Faites moy maintenant pardon.

Ie n'ose parler dauantage,
Ma faute a rougy mon visage:
Si mes larmes vous recherchez,
Mes yeux les témoins de ma peine,
Ont les pleurs d'vne Madeleine,
Car mon ame en a les pechez.

JE vous donne cette piece, non pas comme bien faite, mais comme l'exemple de celles qui font difficiles à bien faire : les Normans ont eu l'ancienneté en telle veneration, qu'ils renouuellent tous les ans cette vieille poëfie : leur Poëme particulier s'appelle Chant Royal : le fujet eft la Conception de la Vierge fans peché originel : le titre general de toutes leurs compofitions porte les Palinots, & le vainqueur pour prix emporte la Palme : la lecture des pieces fuiuantes vous fera iuger combien les regles de cette compofition font rigoureufes. Il faut repéter vn mefme vers fix fois dedans foixante & fix vers, & l'on ne peut vfer que de cinq fortes de rymes, qu'il faut marier enfemble, auec vn ordre tellement contraint, que ceux qui voudront châtier leur nature d'auoir trop d'inclination à compofer des vers, pour la retenir doiuent enuoyer leur efprit dedans cette gallere.

CHANT ROYAL.

L'AMARANTHE.

L'Amaranthe seule entre les fleurs, comme témoigne Pline, & son nom mesme le porte, ne flétrît iamais.

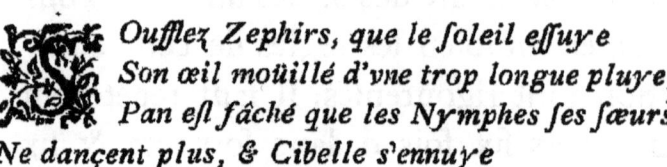oufflez Zephirs, que le soleil essuye
Son œil moüillé d'vne trop longue pluye,
Pan est fâché que les Nymphes ses sœurs
Ne dançent plus, & Cibelle s'ennuye
D'estre sans robbe au milieu des froideurs.
 Phœbus luy donne vne iupe nouuelle,
Naissez, ô fleurs, le printems vous apelle,
Fâcheux hyuer en tes froides prisons,
Bride les eaux, puisque malgré ta rage,
Ie feray voir au milieu des glaçons
 L'vnique FLEVR que le temps n'endommage.

Quand le printems a la glace bannie,
Flore & Zephir luy tiennent compagnie
Pour trauailler à l'ouurage des fleurs,
L'Amour s'y ioint, mais celles qu'il manie
Naissent en forme ou de flame, ou de pleurs.
 Nature en fait l'étoffe & le modelle,
Zephir les coupe, & Flore les dentelle,
La mignardise engrene leurs chatons,
Pour les masquer Iunon fait vn nuage,
Sans lequel peut preseruer ses boutons,
L'vnique FLEVR *que le temps n'endom-*
  - mage.

La propreté rend leur fueille polie,
La volupté de leur beauté rauie,
En les baisant y donne ses senteurs:
Puis Phœbus met pour chaque maladie,
A chaque fleur vn remede aux douleurs.
 Mais quand l'esté son chariot attelle,
Et que d'ardeur sa perruque étincelle,
Tout est brûlé, les prez, les bois, les mons
Restent sans fleurs, sans fueille, sans ombrage,
Et seulement resiste à ses rayons
L'vnique FLEVR *que le temps n'endom-*
  mage.

Filles du ciel, astres de la prairie,
Chaque element auec vous se marie,
Le feu s'imprime en vos viues couleurs:
L'eau vous blanchit, la terre vous varie,
Et l'air se coule en vos douces odeurs.
  Quand dedans l'air pour regner sur Cybelle,
Les quatre vents disputent leur querelle:
Si les autans, & si les aquilons
Rauissent tout, quoy que gronde l'orage,
Tousiours fleurit malgré les tourbillons,
L'vnique FLEVR *que le temps n'endom-*
     mage.

Belle Amaranthe, estes vous point Clitie,
Que le soleil pour maîtresse a choisie,
Que ses rayons de leurs viues chaleurs
N'osent blesser: non, car la ialousie
En des soucis a changé ses langueurs.
  Quoy qu'vne fleur, & si tendre & si belle,
Au froid, au chaud, bien qu'il brûle & qu'il gêle
Ouure sa chasse, & garde ses fleurons;
L'hyuer ne peut luy faire aucun dommage,
L'esté ne peut flétrir de ses brandons
L'vnique FLEVR *que le temps n'endom-*
     mage.

ENVOY.

Nature humaine eſt vne criminelle,
Elle a ſuby la mort originelle,
Nous naiſſons fleurs, comme fleurs nous mourons,
Et cette mort fait ſeulement hommage
Au pur concept, à qui nous comparons
L'vnique FLEVR *que le temps n'endom-*
   mage.

STANCES,

Sur le meſme ſuiet de la Conception.

L'Anathomie de l'œil.

L'Oeil eſt dans vn chaſteau que ceignent
   les frontieres
De ce petit valon clos de deux bouleuars:
Il a pour pôt-leuis les mouuâtes paupieres,
Le cil pour garde-corps, les ſourcils pour rampars.

Il comprend trois humeurs, l'aqueuſe, la vitrée,
Et celle de criſtal qui nage entre les deux:
Mais ce corps delicat ne peut ſouffrir l'entrée
A cela que nature a fait de nebuleux.

Six tuniques tenant noſtre œil en confiſtance,
L'empêche de gliſſer parmy ſes mouuemens,
Et les tendons poreux apportent la ſubſtance
Qui le garde, & nourrit tous ſes compartimens.

Quatre muſcles ſont droits, & deux autres obliques,
Communiquans à l'œil ſa promte agilité,
Mais par la liaiſon qui joint les nerfs optiques,
Il eſt ferme touſiours dans ſa mobilité.

Bref, l'œil meſurant tout d'vne meſme meſure,
A ſoy meſme inconneu, connoit tout l'vniuers,
Et conçoit dans l'enclos de ſa ronde figure
Le rond & le carré, le droit & le trauers.

Toutesfois ce flambeau qui conduit noſtre vie,
De l'obſcur de ce corps emprunte ſa clarté:
Nous ferons donc ce corps, vous ſerez l'œil, Marie,
Qui prenez de l'impur voſtre pure beauté.

SVR

Sur le mesme sujet.

ODE.

Le Tableau de Narcisse.

VOyez cet amour extrême,
Nymphes, Narcisse qui fuit
La Deesse qui le suit
Est amoureux de soy-même,
Et luy-mesme à soy se nuit:
 En beuuant il void sa face
Dessus l'onde, & là dedans,
L'amour d'vn miroir de glace
Luy fait des miroirs ardans.

 Vous mesme a vous sacrifice,
Vous vous tuez sur ces bords
Ce que vous cherchez dehors,
Contentez-vous beau Narcisse,
Vous l'auez dans vostre corps.

 L'eau vous brûle & vostre vie,
Qui donc éteindra ces feux,
Cet enfant n'a plus d'ouye,
Son aureille est à ses yeux.

Las que fuſſiez-vous ſans veuë,
Narciſſe, en ce triſte iour,
Vous ſeriez à voſtre tour,
Au lieu que l'amour vous tuë,
Sans les yeux, le Dieu d'amour.
 Il vaut mieux qu'on vous les laiſſe,
Comparant leurs feux iumeaux
Au ſoleil lors qu'il abaiſſe,
Les ſiens au ſigne des eaux.

 La Vierge eſt vne fontaine,
Qui parmy l'impureté,
Qui parmy la ſalleté
De noſtre nature humaine,
Conſerue ſa netteté.
 En ce criſtal tu te mires,
Grand Dieu Narciſſe parfait,
Et toy-meſme en toy t'admires,
Amoureux de ton objet.

Sur le mesme sujet.

SONNET.

La grace du bon larron.

D'Vn insigne voleur l'on va faire iustice,
Pour son dernier larcin il volera les cieux:
Mais la croix d'vn brigand commence son suplice,
Qu'il finit en la croix d'vn martyr glorieux.

Ils sont deux compagnons de peine & de malice,
Heureux en leur malheur, & toutesfois l'vn d'eux,
Du mal tant seulement s'estant fait le complice,
Ne s'est fait compagnon du larcin bien-heureux.

En vn mesme degré proche de leur Seigneur,
Le met le mesme crime & le mesme bon-heur:
Mais d'vn crime pareil dissemblable est la grace.

Dieu le veut, Dieu le peut, de ce mesme compas
Il mesure pourquoy nous naissons en disgrace,
Et pourquoy comme nous la Vierge n'y naît pas.

Les deux pieces qui fuiuent font imparfaites, & ie vous les prefente feulement par ce que ie les ay faites les premieres : Cette excufe doit fupléer à leurs defaux. Et vous les receurez plutoft pour vn effay de poëfie, que pour vn ouurage accomply.

A MONSEIGNEVR
LE DVC DE NEVERS,
SVR L'INSTITVTION DE
l'Ordre des Cheualiers d'vne Croifade nouuelle, pour la conquête de la terre Sainte.

Harles fecond Atlas, qui prens fur tes
  épaules
Le globe de l'Empire, & les autels des
  Gaules: (heurs
O grand Prince & grand Duc, que l'hydre des mal-
Reffent pour fon Alcide, éprouuant tes valeurs,
Guerrier rude aux affaux, & rude à fe défendre,
Corps d'Hercule animé d'vn cœur d'vn Alexãdre,
Dont le bras gouuerné par vn fens de Neftor,
Ente l'esprit d'Vlyffe à la lance d'Hector.

Persée de l'Eglise, apporte le remede
Qu'attend de ta valeur nostre chaste Andromede,
Qui liée au rocher de la captiuité,
Veut deuoir à tes bras l'heur de sa liberté:
Voicy le champ d'honneur où l'Eglise t'apelle,
Afin que ton courage épouse sa querelle,
Et bien que les horreurs de dix mille hazars,
Contre tes hauts desseins éleuent des rampars:
Tu verras, si tu veux, aux plaines d'Idumée
La victoire à grands pas marcher vers ton armée,
Et pallir de frayeur les croissans éclipsez,
A l'aspect rayonnant de tes soleils croisez,
Sion te receuoir à murailles ouuertes,
Les ennemis rouler au penchant de leurs pertes:
Va planter dans leurs cœurs les effets de l'effroy,
Nos vœux & nos desirs ne regardent que toy.

   O genereux aiglon que l'aîle de la gloire
A couué pour éclorre vne telle victoire,
Va, braue combatant, reuien victorieux,
Secondé du bon-heur, & suiuy de nos vœux.

   Alors, Charles mon Prince, & ma plume & ma lance
Graueront en airain les traits de ta vaillance,
Si tu veux marier comme ont fait les Cesars,
Les lauriers d'Apollon auecques ceux de Mars.

   Si parmy les clairons, grand Duc, tu me refuses
De prêter ton aureille aux trompettes des Muses,

Ie te suiuray d'esprit, & lors poussant ma voix
Au delà du climat de l'Empire François,
Pour donner les assaux, pour sonner la retraite,
Ma Muse, pour le moins, seruira de trompette,
Puisque par vn malheur au milieu des combats,
La plume ne me peut seruir de coutelas.
 Encor si cette plume auoit esté coupée
Auecque le trenchant de ta celeste épée,
Et qu'on peût l'endurcir autant comme le fer,
Ie graueroy les faits qui t'ont fait triomfer,
Et t'ont rendu vainqueur au milieu des alarmes:
De ce rare dessein i'embelliroy tes armes,
M'estimant par apres heureux de remporter
Le titre du Vulcan, d'vn si grand Iupiter.
 Des soufflets d'Apollon ma forge est allumée.
Et ma brusque fureur m'ayant l'ame enflamée,
Ie tourne mes suiets à l'endroit, à l'enuers,
Et tantôt i'accourcy ou i'alonge mes vers,
Quand ie chante la guerre auec vn nerueux stile,
Le fer pour ce suiet est tousiours plus facile,
Ie le détrempe au sang, i'y graue des lauriers,
Aimable prix d'honneur des courages guerriers,
Lesquels estans parez de ces armes diuines,
Ce sont autãt de Mars qui n'ont point de Cyprines,
Oeuure que ne peut pas vn forgeron de Cour,
Qui n'allume son feu que pour brûler d'amour.
 Ie suis Poëte sacré, fuyez, fuyez, prophanes,

Vne diuine horreur possede mes organes,
Qui de sa deïté remplissant mon esprit,
Luy dicte en ces élans ce que ma main écrit.
  L'hidre de l'heresie en desastres fertile,
D'vn nombre de malheurs menaçoit nostre Achile,
Qui vaincu par sa force, & foible en son effort,
Vit regermer la vie où il semoit la mort;
Son Empire couuert de guerre & de vacarmes,
Est le champ de Cadmus où naissent les gend'armes,
Où Mars tout insolent, fait entendre tousiours
Le gros bourdonnement du ventre des tambours,
Qui battent tellement l'aureille de la France,
Qu'il semble qu'elle soit vn pays de souffrance,
Tantôt par ses enfans, tantôt par l'étranger,
Elle void sa fortune en extrême danger:
Or les guerres d'estat, or les guerres ciuiles
Mettoient contre elle mesme en reuolte ses villes,
Tant de mortalitez & tant de trahisons,
Le desordre du temps, le cahos des saisons
Montroient euidemment que la diuine Astrée
S'enuoloit de la France en vne autre contrée:
Apres vn long conflit pair à pair debatu,
Le vice alloit presser sous le pied la vertu,
La foy donnoit les mains, & ses iustes querelles
Cedoient à la fureur des armes infidelles,
Là les seconds geants, ces esprits factieux,
Auortons de la terre, haussoient contre les cieux

G iiij

Leurs bras & leurs deſſeins n'opposãs que leur teſte
Pour rampart, à l'effort du feu de la tempeſte,
Le ſeul vent de l'orgueil ſouffloit par leurs poumons:
Mais cette vaine enfleure engroſſiſſant les mons,
Enfante vne babel, où fondez ſur la poudre,
Ils ſe penſent armez à l'épreuue du foudre,
Et cependant que Dieu contre ces inhumains,
En ſa iuſte vengeance alloit rougir ſes mains,
Les triſtes fondemens reſtez de Paleſtine,
Dans leur propre braſier fumoient en leur ruine:
Les fidelles voyans quelle eſt la peſanteur
D'vn bras victorieux, inſolent en rigueur,
Se preuoyans voiſins d'vne ſemblable attainte,
Trẽbloient au fõd du cœur, les couleurs de la crainte
Peignoient deſſus leur front par vn contraire effort,
Aux traits du deſeſpoir l'image de la mort.

 Dedans ſes cruautez, vn barbare Genie
Forçoit les volontez deſſous ſa tyrannie,
L'iniuſtice oppoſoit aux loix l'authorité,
La force à la raiſon, au droit l'iniquité,
Tout alloit eſtre, helas butin de ces harpies,
Les fauſſaires enfin, les Turcs & les impies,
De la foy, de Dieu meſme & de la pieté,
Bâtiſſoient vn trophée à l'infidelité;
Quand l'Egliſe ſe vit ainſi miſe en arriere,
Son remede dernier eſt la ſeule priere,
Et tremblante, à ſon Dieu commença de parler,

Car son Dieu seulement la pouuoit consoler,
Et la viue douleur ayant son ame attainte,
Ne fit que par soûpirs vne telle complainte.
 Grand Dieu, Pere Eternel, mon vnique suport,
Tu vois qu'à ton Epouse on prepare la mort,
Helas ne veux-tu point détourner la tempeste,
Des malheurs que tu vois pendre dessus ma teste:
Mon mal parle pour moy, que me sert le discours,
I'endure, & tu le vois sans me donner secours,
Si tes yeux peuuent voir mes pertes nompareilles,
Pour ouyr mes discours n'aurois-tu des aureilles?
 La parole luy manque à nombrer ses trauaux,
Discourir dauantage & souffrir tant de maux
La douleur le défend, & le dueil qui la touche,
Echäge en pleurs les mots qui sortoiët de sa bouche,
Ne respirant que l'air qu'elle va soûpirant,
Le regret pour la faire eloquente en pleurant,
Met la langue à ses yeux, & son sens s'enuelope
Sous l'ombre de la mort d'vne froide sincope:
Car ses yeux maternels qui ne peuuent plus voir
Ses chers enfans captifs du barbare pouuoir,
Par la muette voix de leur facond silence,
Tournez deuers le ciel par douce violence,
Obligeoient le ciel mesme, en estant auerty
Par leurs propres secrets, d'estre de leur party;
Quand Dieu vit son épouse aux regrets attachée,
Sa celeste bonté fut de pitié touchée:

Et n'eût esté que Dieu par ses affections,
Ne peut s'assujetir aux loix des passions,
L'œil de sa triste épouse eût attiré ses larmes,
Mais sa iuste douleur le fit resoudre aux armes:
De luy donner secours, grand Dieu, que tardes-tu?
A ton nom l'ennemy se verroit abatu,
Car qui ne craindroit pas les troupes animées
De celuy qui se dit le Seigneur des armées?
L'vniuers est ton camp, les cieux tes estandars,
L'arc en ciel est ton arc, & les foudres tes dars,
Les elemens, l'enfer & la mort sont tes armes,
Tous ces esprits diuins te seruent de gend'armes:
Qui doit apprehender la fin de ces combats
Si l'Eglise a pour soy de si braues soldats?
La Vierge mesmement de son party s'enrole,
Et pour luy confirmer l'effet de sa parole,
Pour chef elle demande vn grãd Duc des François,
Et tous ses partisans sont marquez de ses croix,
De ses croix qui feront par vne sainte guerre,
Que l'on verra le ciel triomfer de la terre.

AV ROY.

Soleil dont l'orient fatalement commence
Au figne bien-heureux de la iufte balance,
L'hemifphere François, encor que voftre cours
Separe fes faifons & diftingue fes iours,
Vous void toufiours tourner dans le mefme folftice
Pour n'éloigner iamais le figne de iuftice:
Bel aftre dont ie prens pour phare le flambeau,
Aux pays étrangers conduifez mon vaiffeau,
Voftre feu fçait le temps de brûler & de luire,
Qu'il éclaire à ce coup à ma foible nauire,
Helene luit pour elle, & Polux & Caftor,
Pour auoir tout propice, il vous faloit encor:
Son faix eft precieux, car c'eft voftre loüange
Que ie veux tranfporter plus loin que n'eft le Gãge,
Heureux foit fon voyage, & qu'vn Zephire doux
Favorife celuy qui nauige pour vous.
  O Planette Royal, dont la douce influence
Ne decoula iamais fur nous que la clemence;
Heureux ciel des François où luit voftre clarté,
Qui n'amena iamais ny l'hyuer, ny l'efté:
Car la chaleur de l'vn, de l'autre la froidure,
Ne pourroient compâtir auec voftre nature,
Que la hayne iamais ne glaça de froideur.

Et que l'ire iamais n'enflamma de chaleur:
Si voſtre Majeſté qui touſiours eſt affable
Aux cœurs humiliez, & touſiours adorable,
Dés ſon ieune printemps vn autonne a produit,
Quand vos premieres fleurs s'accompagnent de
    fruit. (donne,
   Agréez donc les fleurs que mon printemps vous
Ie vous conſerueray les fruits de mon autonne,
Si les meſmes Zephirs qui les ont fait fleurir,
Soufflent meſmes faueurs pour les faire meurir.
   Sire, vn cœur genereux reçoit de la nature
Le deſir de domter deuant ſa ſepulture
Sa mort & ſon deſtin, le renom ne meurt pas;
Mais il reſte de nous apres noſtre trépas
Ie ne ſçay quoy de grand, qui fait teſte aux années,
Et caſſe les arreſts des dures deſtinées.
   Et ce renom fameux qui tout par tout nous ſuit,
Iuſqu'à l'éternité fait entendre ſon bruit.
   Quãd l'ame qui n'eſt plus dãs nos corps detenuë
Reuole dans le ciel, comme du ciel venuë,
Et que là reünie à ſon éternité,
Elle void au miroir de la diuinité
Les terreſtres objets, s'il eſt vray qu'elle herite
Du ſolide plaiſir qu'a produit ſon merite,
Et que le bruit fameux qu'on luy garde icy bas
Luy plaît, voyant ſon nom ſuruiure à ſon trépas:
O grand Roy, quel plaiſir & quelle recompenſe

Reçoiuent dans le Ciel ces grãds Rois de la France,
Ces Charles, ces Henris sang royal des Valois,
Qui comme vous portoient le sceptre des François,
Qui comme vous aimoient les filles de memoire;
Se voyans immortels au temple de la gloire,
Et qu'ils viuent encor par tout cet vniuers,
Pour l'amour qu'autresfois ils porterent aux vers.
   S'ils commandoient au Ciel, comme ils ont fait en France,
Ronsard emporteroit des dons en abondance,
Pour mieux recompenser sa liberalité,
Qui n'a pas moins donné que l'immortalité.
   Si les destins auoient retrocedé la vie
De l'vn de ces grands Rois, en dépit de l'enuie,
Les Poëtes seroient leurs premiers fauoris,
Riches à leurs dépens, à leurs dépens nourris,
Non tous également, mais ils feroient élite
De ceux dont la doctrine vn tel bon-heur merite:
Non ceux qui pour châter quelque sonnet d'amour,
S'estiment auiourd'huy les doctes de la Cour.
   Si, dis-ie, les destins fléchis par nos prieres,
Faisoient rentrer les ans en nouuelles carrieres,
Si sortant du tôbeau quelqu'vn de ces grands Rois
Reprenoit en sa main le sceptre des François,
Les Poëtes auroient les grandes recompenses:
Non ceux qui mõtreroient de plus grãdes dépenses,
Alors que dans le Louure ils font éclater l'or,

Et flamber l'écarlatte, & plier le castor.
  Sire, pardonnez moy, ie desire à la France
Vn bon-heur, dont en vous elle a la joüissance,
Ie parle en Pithagore, & bien que nostre foy
Déroge à ces réueurs, si est-ce que ie croy
Ne luy faire pas tort, alors que ie supose
Qu'en vous nos plus grands Rois ont fait metem-
        psycose,
Vous estes possesseur des biens des Pharamons,
Vous estes heritier des valeurs des Bourbons,
Des vertus d'vn grand Roy vostre ame fut doüée,
Ressemblant en cela celle de Merouée,
Vous nourrissez la foy qui naquit sous Clouis,
Et vostre pieté r'anime saint Louis:
Dedans vostre esprit seul on recognoit les marques
De tous les plus grands saints, & des plus grands
        Monarques;   *(reux,*
Viuez pour nous, grand Roy, viuez tousiours heu-
Et pour viure content, viuez selon mes vœux,
Faisant voir la iustice en toutes vos prouinces,
Princesse des vertus, & la vertu des Princes.

LE VOEV DE
SILVANDRE AV
Dieu Pan.

Pour Monseigneur de Fleury Surintendant general, Grand maistre des Eaux & Forests de France.

*Our viure bien-heureux i'ay commencé de viure*
Loin de la Cour des Rois:
Et le iour qui me vit mettre fin à ce liure,
Me vit entrer au bois.

Gardes de mes secrets, à qui ie me découure,
Vous sçauez les raisons:
O forests qui me font faire échange du Louure
Auecque vos buissons.

Des plaisirs d'vn grand Roy vous estes les nour-
Vous auez des apas (rices,
Qui l'appellent à vous, auec des artifices
Que les dames n'ont pas.

Mais oyant que l'on dit que ie suis vostre maître,
Sera-t-il point ialoux
Que cette qualité ne me peut pas permettre
D'estre éloigné de vous.

Vous gardant, ô forest, auec beaucoup d'adresse,
J'ay beaucoup de trauaux:
Car pour iouïr de vous, ie ne peux, ma maîtresse,
Estre sans Coriuaux.

Ces amans engelez que le dépit possede,
Vous blessent tous les iours:
Et le mal qu'il vous font n'auroit point de remede,
S'il n'auoit mon secours.

Ils vous iettent en bas, puis ils vous écartellent,
O Ciel quels amoureux:
Ils me disent qu'il faut, puisque pour vous ils gêlent,
Que vous brûliez pour eux.

Ils vous coupét les piez, ils trenchent vostre teste,
Ils abattent vos bras:
Voyant ces cruautez, i'aurois vn cœur de beste
De ne vous plaindre pas.

Arrêtez

Arrêtez-vous, cruels, le Roy vous le commande,
    N'irritez son courroux:
Si vous ne voulez pas, méchás, qu'on vous amende,
    Au moins amendez-vous.

O Pan Dieu protecteur des forests de la France,
    Sous vostre authorité,
Siluandre a dans les bois bien plus de complaisance,
    Que de seuerité.

Des chasses & des eaux, des bois & des riuages,
    Son esprit possesseur,
A maintenant rendu ses humeurs si sauuages,
    Qu'il n'a plus de douceur.

O Pan excusez-moy, Siluandre est si farouche
    Dedans ces châtimens,
Que pour vous saluer il n'a pas en sa bouche,
    Mesmes des complimens.

Arbres ie vous le dis, & gardez ces sentences
    Que ie répette icy:
Pour les voleurs des bois, les bois ont des potences,
    N'approchez point d'icy.

                                   H

LES AMOVRS,
LES CHANGEMENS,
ET LES DESESPOIRS
de Siluandre.

H ij

LES AMOVRS,
LES CHANGEMENS,
ET LES DESESPOIRS
de Siluandre.

Siluandre defefperé trouue dans fes plus agreables obiets les occafions qui luy font blâmer fon inconftance.

DESESPOIR.

E vos tombeaux plains de tenebres,
Efprits oyez mes cris funebres,
Et priez pour moy le trépas:
Ie paffe icy les nuits entieres,
Cherchant parmy vos cimetieres,
Et mon repos & mon repas.

Demons qui hantez les voiries,
Et qui là baifez les furies,
Venez me fuiure en ces deferts;
Tandis que la rage m'irrite,
Il faut que ie me precipite,
Si vous me montrez des rochers.

Corbeaux, quelqu'vn de vous essaye
De s'accorder auec l'orfraye,
A la musique des hibous:
Et puis chantez mes funerailles,
Comme autour des vieilles murailles
Vous chantez pour les loup-garous.

Obiets des iustes penitences,
Echafaux, affreuses potences,
Où sont, où sont tous les bourreaux:
Que sert-il de me faire attendre,
Pourquoy si ce n'est pour me pendre,
Voulez-vous porter des cordeaux.

Vous, ô rochers, bois & montagnes,
Mers, fleuues, deserts, & campagnes
Donnez vn sepulcre à mon corps:
Non non, foudroyez-le, tempestes,
Ou qu'il aille aux ventres des bestes
S'endormir auecque les morts.

Lions, que quelqu'vn me deuore,
Car i'ay trahy ce que i'adore:
Dedans cette brutalité
Ie ne change point de nature,
Quand Siluandre s'est fait pariure,
Il a pris vostre qualité.

Armez-vous contre moy, batailles,
Enfers ouurez moy vos entrailles,
Là dedans faites-moy perir:
Non, n'abregez si tost ma vie,
Afin qu'au vouloir de Siluie,
Siluandre se sente mourir.

O Ciel veux-tu point te resoudre
A lancer dessur moy ton foudre:
Non, ie mourroy trop glorieux,
Apres auoir liuré la guerre
A cette beauté de la terre,
D'estre puny d'vn coup des cieux.

O mer ne souffre que mes crimes,
Dans le ventre de tes abîmes,
Demeurent lâchement couuers:
Il faut qu'au monde on me trahisse,
Ayant trahy par ma malice,
L'ornement de cet vniuers.

Ma faute en mon visage emprainte,
Fait pallir la lune de crainte,
Fait grossir la mer de fureur,
Fait rougir le foudre de honte,
Et mes peines quand ie les conte,
Font trembler la terre de peur.

Ce n'eſt qu'à cauſe de mes paines
Que l'on voit pleurer les fontaines,
Qu'on oit murmurer les ruiſſeaux,
Que les tourterelles gemiſſent,
Et les malades ne guariſſent,
Qu'à fin de m'enuoyer leurs maux.

Les iours nous oſtent leur lumiere
A la faueur de ma priere,
Afin de ramener les nuits,
Les nuits auec leur robe noire
Me conſolent, & me font croire
Qu'on fait le dueil de mes ennuis.

Si cet eſté la canicule
Nous rafraîchit, & ne nous brûle,
Donnant plus d'eaux que de chaleurs;
Mes larmes imitant la pluye,
C'eſt que les cieux par ialouſie,
Pleuuent pour imiter mes pleurs.

Chaque ſaiſon eſt ma partie,
Et i'en reſſen l'antipathie:
Que ſi mes deſſeins amoureux
Ont des froideurs, l'eſté les chaſſe,
Et puis apres l'hyuer me glace
Quand l'amour allume mes feux.

Autonne de qui le partage
Receut les fruits pour heritage,
Si les fruits ont suiuy tes fleurs,
Pourquoy le Ciel par iniustice,
Veut-il que mon amour fleurisse,
Pour ne recueillir que des pleurs.

 Tu n'as point de fruit qui me plaise,
Le seul printemps porte la fraise,
Et cette fraise sans dessein
Me fait encor mourir d'enuie
De reuoir bien-tôt ma Siluie,
Pour la baiser dessus son sein.

 Dans l'aigreur de mon infortune,
Rien ne me plaît, tout m'importune,
Les obiets les plus innocens
Entretenant ma fâcherie,
Figurent à ma réuerie
Tout ce qui déplaît à mes sens.

 Le soleil me semble vn comette,
Et quoy que sa clarté promette
De luire, & de ne brûler pas,
Ie croy que ce flambeau celeste
Deuiendra la torche funeste,
Qui doit éclairer mon trépas.

*Si le printems apres la rage
De quelque épouuentable orage,
Fait souffler sur moy les Zephirs:
Il semble aussi-tôt à ma peine,
Qu'ils ont moderé leur haleine,
Pour contrefaire mes soûpirs.*

*Tout aussi-tôt que ie voy rire,
Tout aussi-tôt mon cœur soûpire:
L'on ne rit que pour m'attaquer,
Et par raison ie m'imagine,
Que la rose n'a point d'épine,
Qu'à celle fin de me piquer.*

*Les fleurs, les astres de la terre,
Me font peur dessus vn parterre;
C'est leur beauté qui me dépeint
Que mon esprit n'estoit pas sage,
Ayant méprisé ce visage
Dont les fleurs imitent le teint.*

*O beaux arbres, que vos fueillages
Ne me prêtent plus leurs ombrages,
Puisque vostre ombrage me nuit,
Aussi-tôt que ie voy de l'ombre,
Il me semble que ie voy l'ombre
De ma belle qui me poursuit.*

Le Rossignol & sa musique
Ne me plaît point, car ie me pique
De voir ce petit effronté,
Qui ne me va montrant sa plume,
Que pour accuser ma coûtume
D'aymer trop la legereté. —

Pour croître le mal que i'endure,
Les prez se vêtent de verdure;
Puisqu'en dépit de mes souhaits
Alors que tous les prez fleurissent.
Si mes esperances flétrissent,
C'est pour ne refleurir iamais.

Vous riuieres & vous riuages,
Vous blessez mes humeurs sauuages:
Car ie doute si vos ruisseaux
Prennent source de mes paupieres
Ou bien si mes yeux, des riuieres
Pour pleurer empruntent les eaux.

Les diamans quand ils éclatent,
M'offençent plus qu'ils ne me flatent:
Et ie voy que leur dureté,
N'est & si brillante & si belle,
Que pour accuser le modelle
De mon insensibilité.

O miroir, ton cristal de glace
Fait voir l'horreur dessus ma face,
Et ie n'ose m'en aprocher,
Puisque ton cristal me reproche,
Que si son corps est fait de roche,
Que mon cœur est fait de rocher.

Toutesfois cristal, s'il te semble,
Qu'à ta roche mon cœur ressemble:
Il m'est auis d'autre costé,
Quoy que l'on polisse ta glace,
Qu'elle est moins nette que la face
De qui i'adore la beauté.

D'vn tel excez de frenaisie
Ma raison se trouue saisie,
Que ce qui reste de raison,
Sert pour auoir la connoissance
Que mon mal est sans esperance
De receuoir sa guarison.

I'ay tout fait troubler sur Parnasse,
Phœbus mesme oyant mon audace,
Me iette vn regard de trauers,
Et se rend tellement farouche,
Qu'il défend de dire à ma bouche
Mon desespoir auec des vers.

LE PRESENT,

D'vn nœud & d'vn braſſelet de cheueux, m'oblige à cette loüange & à ce remerciement.

SONNET.

ADorable Yſabelle, eſclaue ie m'auoüe
De vos nœuds qui me font ialoux de ma priſõ,
Qui m'enchaînant les bras auecque la raiſon,
Me captiuent ſi fort qu'il faut que ie vous louë.

Mon Yſabelle à vous moy-meſme ie me vouë,
Mais ne me prenez pas pour prix de ma rançon,
Car vos nœuds m'ont lié d'vne telle façon,
Que ie ne peux aymer celuy qui les dénouë.

Peut-eſtre que quelqu'vn me voyant arrêté,
Fera comparaiſon auec ſa liberté,
Des aimables liens & des nœuds que ie porte.

Que s'il eſt tant ſoit peu d'vn eſprit amoureux,
Cupidon (dira-il) pour eſtre bien-heureux,
Fay que ie ſoy bien-tôt priſonnier de la ſorte.

Ma rêuerie entretenant ma solitude dans le iardin de Valiane, les soucis qui estoient dans les parterres me donnerent la pensée de ces vers.

O Iardin doux tresor de mes belles pensées,
Depositaire saint de mes plus beaux soucis,
Par l'obiet de tes fleurs mes sens sont adoucis,
Et ie perds les aigreurs des tristesses passées.

D'vn chagrin des plus noirs mes humeurs offen-
 cées,
Ne pouuant retrouuer leurs sentimens rassis,
Que Saturne auoit lors tellement obscurcis,
Qu'elles ne virent pas qui les auoit blessées.

Auiourd'huy, beau iardin, dans tes doux entre-
 tiens
Si ie perds mes soucis, lors que ie voy les tiens,
La raison que i'en sçay m'en oste les merueilles :

Estant auecque toy, seroy-ie sans douceurs ?
Autant que i'ay d'amours, autant ay-ie d'abeilles,
Elles trouuent le miel où ie trouue les fleurs.

Autant que Valiane auoit de beautez, autant Valiane auoit-elle de charmes pour enchanter mon esprit : mais l'obstination de ses refus fit que dans mon impatience ma passion éclatta de la sorte.

SONNET.

Tourmenté d'vn amour qui me plaît & me blesse,
Blessé d'vn desespoir que i'ayme & qui me nuit,
Amant desesperé, la fureur m'a réduit
Au secours des sorciers contre vne enchanteresse.

Ses cheueux ont lié mon esprit à leur tresse,
Ses beaux yeux m'ont charmé, sa bouche m'a seduit,
Son sein porte vne fraise, & plus bas est vn fruit
Qui me fait enrager dans la faim qui me presse.

Venez à moy, Demons, aportez auec vous
Vos herbes & vostre art, afin qu'à mon courrous
Ma main & mõ amour puissent fournir des armes.

Aymez-moy, Valiane, ou bien tant de tourmens
Me feront contre vous aider d'enchantemens,
Voyant que contre moy vous vous seruez de charmes.

Siluandre enuoyant vne chaîne à Siluie, l'accompagne de ces vers & de l'occasion du present, il prend le sujet de loüer sa captiuité.

SONNET.

Allez, porteur, allez sans craindre qu'vn mé-
Refuse cette chaîne auec de la rudesse, (pris
Pour ce petit present, si vous estes repris,
Vous direz seulement que c'est moy qui l'adresse.

Chaîne si vous voulez enchaîner mes esprits,
Il vous faut enrichir le col de ma maîtresse:
De vous voir sur ce col ie suis si fort épris,
Que i'en meurs de desir, tant ce desir me presse.

O mes douces prisons, ô prisons mon tresor,
O fers que i'ayme tant, ô fers qui n'estes d'or,
Qui m'attachez le cœur au cœur de Madelaine.

Ne me conseillant plus auec ma liberté,
Ie me suis pris moy-mesme, & pour estre arrêté
Prisonnier que ie suis, ie luy donne vne chaîne.

L'AN-

L'ANGLOISE QVE LA BEAUTE' RENDIT RECOM-

mandée dans Paris, fut le fujet de ces vers amoureux ; le pays de fa naiffance & la patrie de Siluandre luy donnerent ouuerture de découurir fon affection auec modeftie.

SI i'auois eu plus de loifir,
J'aurois eu du mal dauantage :
Mon bon-heur m'épargne vn voyage,
Que ie deuois à mon defir,
J'auois voulu voir voftre terre,
Mais mon deffein a reüffi,
Ie ne veux plus voir l'Angleterre,
Puifque l'on vous peut voir icy.

Seule Deeffe des beautez,
Prenez en gré mes facrifices,
Ie vous offre tous mes feruices,
Non tout ce que vous meritez :
Ce feroit vne chofe étrange
Si vous auiez de la rigueur,
Puifqu'ayant la face d'vn Ange,
Vous en deuez auoir le cœur.

De m'affuietir fous vos lois,
L'amour mon maître s'étudie,
Puifqu'autrefois la Normandie
Se vit fuiette des Anglois.
Encore que nulle Françoife
Ne m'ait donné le nom d'amant,
S'étonnera-t'on qu'vne Angloife
Soit la maîtreffe d'vn Normand.

Les ruines de nos beaux lieux,
Reliques de noftre mifere,
Nous font témoins de la colere,
Et des combats de vos ayeux:
Mais la paix a finy ces guerres,
Pour en confirmer les accords,
Si la mer fepare nos terres,
Que l'amour vniffe nos corps.

Vn manteau de fueille morte duquel Philis estoit vêtuë, fit dedans ces vers rechercher les presages de ce vêtement à l'amoureux Siluandre.

Destins qui sçauez l'auenir,
Que pense Philis deuenir,
Puisque pour habit elle porte,
Et les couleurs du deconfort,
Et les parures de la mort,
En vne triste fueille morte.

Au monde veut-elle mourir,
Ou me blesser sans me guerir?
Est-ce pour quoy ma Belle porte
Vn vêtement plein de langueur,
Voulant rendre mon pauure cœur
Pareil à quelque fueille morte.

L'auroit-on bien, elle m'aimant,
Ià promise à quelqu'autre amant?
Est-ce pour cela qu'elle porte,
Pour témoigner l'affliction,
Et la mort de l'affection,
Vne si triste fueille morte.

Dois-ie en son amour persister?
Dois-ie la suivre ou la quitter?
Puisqu'en son habit elle porte
Vn caractere malheureux,
L'espoir perdu des amoureux,
A pour blason la fueille morte.

Mais au contraire en ma douleur,
Philis prenant cette couleur,
Son vêtement me reconforte:
Puisqu'il montre à mes corriuaux,
Que tout l'espoir de leurs trauaux
N'est plus rien qu'vne fueille morte.

Quoy que s'en soit loin de mon chef,
O Dieux éloignez le méchef
Que ce triste fueillage porte:
Changeant en plaisir ma douleur,
Faites luy changer la couleur
D'vne si triste fueille morte.

Les beautez d'Amaranthe.

HElas que le respect à l'honneur est contraire,
Aux brasiers de l'amour l'honneur est vn gla-
 çon,
Des libertez du cœur l'honneur est la prison,
Et d'vn captif d'amour l'honneur est le corsaire.

Quand l'amour veut parler, le respect le fait
 taire,
L'amour est à soy-mesme antidote & poison:
Mais le mal de l'honneur nuit à sa guarison,
Cherchant de la prudence en vn cœur temeraire.

Dieux, quel milieu prendray-ie en ces extre-
 mitez?
Vne Princesse m'ayme, & dans mes vanitez
Oserois-ie nommer vne si belle amante:

Non, puisque son vray nom me rendroit crimi-
 nel:
Voulant que le secret m'en demeure eternel,
Du nom d'éternité ie l'apelle Amaranthe.

Les cheueux d'Amaranthe.

Zephire bien souuent de vostre poil se iouë,
Pillant sous ce pretexte vn baiser amoureux:
Et des ondes qu'il fait flotter sur vostre iouë,
Vn Pactole prend source en l'or de vos cheueux.

Cheueux petites rets, Cupidon vous auouë
De me prendre le cœur : que ce cœur est heureux
Alors que ie vous baise, alors que ie vous louë,
Cheueux qui l'acheuez de le rendre amoureux.

Beaux cheueux, filets d'or, rayons d'ambre &
 de flame,
Doux geoliers de mon cœur, doux chaînons de mon
 ame,
Si par trauail s'aquiert vostre riche toison:

Et aux feux & aux fers i'exposeray ma vie;
Puis retournant vainqueur du dragon de l'enuie,
Meriteray-ie pas d'en estre le Iason?

Les yeux d'Amaranthe.

BEaux yeux que i'ayme tant, hé quelle est vostre essence,
Car l'on vous pense feux à mon embrasement,
Puis l'on vous iuge cieux pour vostre mouuement,
Mais non, vous estes Dieux selon vostre puissance.

Ces yeux n'ont que des feux tousiours en influence,
Comme s'ils n'estoient faits que de cet element:
Mais ces yeux estans dieux, leur branlant reglement
N'a que leur volonté pour toute intelligence.

Feux germains & gemeaux qui me donnez le iour,
Tandis que vous luirez dedans le ciel d'amour,
En tout tems & tout lieu ie veux cueillir la rose.

Et quoy que le Demon auec ses apareils,
De rage et de noirceur à mes beaux iours oppose,
Ie ne crain point l'éclypse auecque deux soleils.

Les aureilles d'Amaranthe.

AVreilles la nature en coquillant qui gire
Vos petits rõds voûtez de long & de trauers,
Fait en vous vn dedale, où bien fouuent ie pers
Le langage amoureux que pour vous ie foûpire.

O portes de l'efprit, par où le doux Zephire
Fait entrer fur fon aîle & l'amour & mes vers,
Chaftes chemins du cœur qui toufiours font ouuers
Pour ouyr les difcours d'vn pudique martire.

Aureilles l'abregé de toutes les beautez,
Petits croiffans d'amour, accroiffez les bontez
De ma chere Amaranthe, afin qu'elle m'allege.

Mais quoy par vos faueurs pourrois-ie la toucher?
Ma voix qui n'eft que feu n'ofe vous aprocher,
Pour ce que vous auez la blancheur de la neige.

La bouche d'Amaranthe.

BEau corail soûpirant, ce pourpre qui me flatte
Allaite d'esperance & d'amour mes esprits:
Belle & petite bouche où s'enfante vn sous-ris
Qui semond à baiser vostre viue écarlatte.

Vos dents riches rampars d'vne voix delicate,
Dessus les diamans emporteront le prix:
Si de vostre douceur ils sont tant fauoris,
Que vostre langue vueille estre leur auocate:

Vermeillon merueilleux, prison des libertez,
Tresor de l'Orient, blanches égalitez,
O rampart precieux que i'assauts d'esperance.

Belles dents, petits dez, auec lesquels l'amour
Gaigna mes libertez & mon cœur l'autre iour,
Auiourd'huy liurez-moy quelque meilleure chance.

Les iouës d'Amaranthe.

Des roses & des lys filles & sœurs iumelles,
Qui sous vn lait caillé doucement tremblotez,
Iouës où l'amour iouë en toutes priuautez,
Et bâtit aux sous-ris des demeures nouuelles.

Lors que vous rougissez, que vos roses sont belles,
Quand l'épine d'honneur veut armer vos beautez,
Le satin de vos lys montrant vos chastetez,
Donne aux amans la peur, & l'amour aux rebelles.

Petits creux, magasins & d'amours & d'apas,
La petite rondeur que vous auez en bas,
Fait que ie vous compare aux pommes d'Atalante.

S'il faut pour ce beau fruit mourir, ou bien courir,
Ma course est inégale : il me faut donc mourir,
Si vous ne me donnez vos pommes, Amaranthe.

Les mains d'Amaranthe.

BElle main diuifée en cinq branches d'yuoire,
Vn dedale d'ebéne enuelope de lis
Les chemins tortueux des rameaux & des plis,
Que marque voftre veine auec fa trace noire.

L'aurore aux doigts de rofe auec toute fa gloire,
Ne pourroit deuant vous receuoir que mépris,
Si lors qu'aux plus beaux doigts on donneroit les
   pris,
Sa vanité vouloit vous rauir la victoire.

Que mon bon-heur eft grand d'eftre touché de
   vous,
Belles mains, dont i'adore & les traits & les coups,
Guerrieres, pardonnez au captif d'Amaranthe.

Mufe, à ces mains mes vers ie prefente pour don,
Allez baifant ces mains, & demandant pardon,
Dites qu'ils font écrits des doigts de leur feruante.

Le ſein d'Amaranthe.

Mon eſprit qui touſiours d'vn vain eſpoir s'a-
paiſe,
Compare voſtre ſein, dont ie ſuis enuieux,
A des ieunes boutons, puis il dit à mes yeux,
Si vous les pouuiez voir ne mourriez-vous point
d'aiſe?

Ainſi dans mon eſprit s'allume vne fournaiſe,
Et ſon feu ſe nourrit d'vn obiet gracieux,
Qui me fait conceuoir en tout & en tous lieux,
L'enfleure de ce marbre où fleurit vne fraiſe.

Enfin ſi voſtre amour demeure le vainqueur,
Et ſi iuſqu'à la mort vous pourſuiuez mon cœur,
Mon Amaranthe, au moins donnez-luy ſepulture.

Que ſi vous voulez ſuiure en cela mon deſſein,
Son tombeau n'aura pas vne autre couuerture
Que du marbre qu'on voit qui blanchit voſtre
ſein.

Conclusion des beautez d'Amaranthe.

Alors que i'ay chanté par vn vers precieux
Cette diuine bouche où Piton se repose,
Que i'ay doré les fers où mon ame est enclose,
Et qu'apres i'ay fait luire vn soleil dans ses yeux.

I'ay fait flotter Pactole auecque ses cheueux,
I'ay fait rire la perle, & soûpirer la rose:
Mon pinceau poursuiuoit, mais ma Muse s'oppose
Aux traits les plus hardis des attraits amoureux.

Ie vouloy peindre à nud les beautez que dérobe
À mes yeux enuieux le voile de sa robe;
Mais là des deïtez est le saint Pantheon.

Aux temeraires yeux là l'amour met des bornes,
Et menace, cruel, du supplice des cornes,
Tous ceux qui commettront le peché d'Acteon.

La memoire des faueurs d'Amaranthe en fait regretter l'abſence à Siluandre.

EN fin éloigné de la Cour,
Où mon eſprit fait ſon ſeiour
Auecque ma chere Amaranthe:
Icy ie traîne vn pauure corps,
Que par vne ame ſoûpirante
L'on diſtingue d'entre les morts.

De mon teint morte eſt la couleur,
Comme vn mort ie ſuis ſans chaleur:
Voyant ma face baſanée,
L'on croit qu'amour ait, à la fin,
Arraché des mains du deſtin,
Le fil de ma derniere année.

Quelquesfois mon dueil adoucy,
Oſtant de mon cœur le ſoucy,
Rend les paroles à ma bouche:
Mais éloigné de ces doux lieux,
Le reſſouuenir qui me touche,
Ne me fait parler que des yeux.

Sa face, son teint, ses regars,
Ses doux attraits, ses ris mignars,
Mes chers objets en sa presence,
Se sont changez en mon malheur,
En des argumens de douleur,
Cependant cette triste absence.

Absent ie flatte mes pensers
De la memoire des baisers
Que tant de fois i'ay receus d'elle:
Sans la cause cesse l'effet,
Estant separé de ma belle,
Ie n'en auray plus ce bien-fait.

Ie laisse à part la cruauté,
Dont me tourmentoit sa beauté
En sa rigueur insuportable:
Car oubliant tout mon tourment,
Ie la regarde seulement
Du costé dont elle est aimable.

Apres ce premier feu d'amour,
La raison combat à son tour
L'amour dont mon ame est saisie;
Cela ne fait que m'animer,
Car il semble à ma fantaisie,
Que la raison parle d'aimer.

Les amans se plaignant aux Cieux,
Leurs plaintes toucherent les Dieux,
Qui pour vne entiere concorde,
Firent marier l'autre iour
Le petit folâtre d'Amour
Auecque la misericorde.

O chere Amaranthe aymez-moy,
Puisque me donnant vostre foy,
Vous ne pouuez auoir de blâme:
Car c'est vn acte glorieux
D'auoir fait resoudre vne fame
A faire le vouloir des Dieux.

LA LIBERTE'
Des chams fait décrire à Siluandre les contentemens d'vn amour rustique.

NE perçez plus mon cœur, ô vanitez seruiles,
  De vos soucis trenchans,
Éloigné de la Cour, ie m'éloigne des villes
  Pour aprocher des chams.

 Cet amour que i'y boy dedans l'œil de Siluie
  M'est plus delicieux,
Que ce que Iupiter pour nous donner enuie
  Dit qu'il boit dans les cieux.

          (meure
 Non, ces lieux où l'on dit que ce grand Dieu de-
  N'ont point tant de plaisirs,
Puisqu'il a creu qu'aux champs la place estoit meil-
  Pour flater ses desirs,   (leure

 On l'a veu dans les chams plusieurs fois se repaître
  De quelque ébat nouueau,
Et chatoüiller ses sens sous la forme champêtre
  D'vn cigne ou d'vn taureau.

K

Pour le plaisir des chams si ce Dieu s'est fait beste,
    Doit-on à cette fois
Dire que i'ay banni la raison de ma teste,
    Me faisant vilageois.

Tant de dieux qui iadis portoient vne houlette
    Ont voulu m'obliger,
Bien que ie fois mortel, me donnant leur retraitte,
    De me faire berger.

O que i'aime les eaux, laissez-moy les riuages,
    O beaux riuages vers:
Belle seine, beaux prez, petits monts, bois sauuages,
    Ie vous donne mes vers.

O vers qui m'échapez sur le bord de la Seine,
    Allez, suiuez son cours,
Et dites aux Zephirs que ie vous fais sans peine,
    Et non point sans amours.

I'aime tant vos fraischeurs, & i'aime tant vos
    O prez, bois & zephirs,   (ombres
Que ie feray le frais de vos molesses sombres,
    Tesmoins de mes plaisirs.

Zephirs, allez hâter; allez baiser Siluie,
    Que si i'en suis jaloux,
C'est que ie ne peux pas, lors que i'en ay l'enuie,
    La baiser comme vous.

STANCES.

**Les objets d'vne nouuelle beauté ré-
ueillent icy les paſſions
amoureuſes.**

ANne, vous auez fait que l'amour eſt vaincœur
D'vne place que i'ay ſi long-tems deffenduë:
Anne ie ſuis vaincu, i'auoy la glace au cœur;
Mais ie trouue en vos yeux vn feu qui la fonduë.

Inſenſible à l'amour i'auois vn cœur de fer,
Mais ie trouue en vos yeux vn aimant qui l'attire:
Beaux yeux qui me brûlez, gardez de l'échaufer,
Car ie iure par vous qu'il n'eſt plus que de cire.

O bouche dont ie pren pour arreſt les diſcours,
Que i'aime à te baiſer : car ie voy que tu n'oſes
Auecque ta douceur condamner les amours
Que mon ieune prin-tems porte à tes belles roſes.

Si tu les condamnois, ie ne voudrois ſinon
Qu'apeller au ſecours le nom de ma belle Anne:
Anne, dirois-ie alors, penſez à voſtre nom,
Qui me fait eſpérer la douceur de la manne:

K ij

L'amour surprît violemment Siluandre à mesme temps que la conseruation des forests qu'il a dessous sa charge l'obligeoit à demeurer au Pont de l'Arche La situation de ce lieu qui s'éleue entre la riuiere de Seine & la forest luy donna la matiere de ces vers.

STANCES.

Maintenant que l'amour, acheuant son dessein
De me rendre amoureux, a mis dedans mon
  Et sa flamme & sa fléche: (sein
Seine n'aprochez plus si prés de mon seiour,
Helas ie crain pour vous que le feu d'vn amour
  Trop chaut ne vous asseche.

Et vous cheres forests dont ie suis trop prochain,
Pourrez-vous point trouuer quelque fatale main
  Qui de moy vous recule:
Auecque mes soûpirs i'exale tant de feux,
Que ie n'ose éuenter ce brasier amoureux
  De peur qu'il ne vous brûle.

O Seine bien plutoſt aprochez-vous de moy,
Puiſque cette volage a mépriſé ma foy,
  Mon amour & mon ame:
Apelez auec vous tous vos petits ruiſſeaux,
Groſſiſſez voſtre cours, verſez ſur moy vos eaux,
  Pour éteindre ma flame.

Mais plutoſt, ô foreſts venez donner ſecours,
Ne laiſſez pas noyer de ſi belles amours,
  Qu'vne flame feconde
Vous allume plutoſt, monſtrant à cette fois
Que pour vn ſi beau feu vous fournirez de bois
  Iuſqu'à la fin du monde.

K iij

LE FANTOSME.

A Gabriele.

Cher objet de ma douleur,
Gabriele, oyez le malheur
Qui m'a suiuy la nuit paſſée:
Et puiſqu'il ne plaiſt pas aux cieux
Que vous l'ayez veu de vos yeux,
Voyez-lé de voſtre penſée.

Ce n'eſt vn ſonge que i'ay veu,
Ie n'étoy de ſens depourueu,
Et de cette hiſtoire palpable
Le diſcours n'eſt point fabuleux:
Car bien qu'il ſoit miraculeux,
Il n'en eſt pas moins veritable.

Mais maintenant que i'ay paſſé
Le mal dont i'eſtoy menacé,
Et que mon deſſein me fait rire:
La crainte qui me vint ſaiſir,
Eſt bien moindre que le plaiſir
Que ie prens à vous la décrire.

Pressé d'vn feu qui ne s'éteint,
Sur la minuit ie fu contraint
D'aller au secours de ma Belle:
Mais pour trouuer vn lieu si beau,
L'amour voulut que son flambeau
Fist l'office de ma chandelle.

On tua sa flame soudain,
Mon bras fut saisi d'vne main,
Et la peur m'ayant clos la bouche,
Demy mort, & tout halletant,
L'on me remit en vn instant
Sur mon lict ainsi qu'vne souche.

L'amour, auant qu'il fut matin,
Chassant la peur de ce lutin
Dont mon ame estoit occupée:
Ayant r'apelé ma vigueur,
Remit l'asseurance en mon cœur,
Et dedans la main mon espée.

O Gabriele, vos apas
Firent lors resoudre mes pas
A cette seconde sortie:
Mais me trouuant au mesme lieu,
Ie recognu pour lors qu'vn Dieu
Ou qu'vn diable estoit ma partie.

Vn portrait se presente à moy,
Qui me fit voir ie ne sçay quoy
De si rare dans sa figure:
Qu'alors ie creu que le pinceau
Auoit sçeu peindre vn corps plus beau
Que n'en peut former la nature.

Mais tandis que tant de beaux traits
Par le pouuoir de leurs attraits
Me persuadent qu'on l'adore:
Vn peu de lueur me fit voir
Que ce visage estoit plus noir
Que ne seroit celuy d'vn more.

O visage qui m'as seduit,
Puisque tu n'es beau que de nuit,
Et que tu cherches les lieux sombres,
Doy-ie pas iuger à ton teint
Que sans doute Apelles t'a peint
Depuis qu'il est parmy les ombres.

Tremblant de peur, à demy nu,
I'estois à la fin paruenu
Proche de la porte fatale,
Quand vn esprit contre mon gré
Me fit descendre le degré
Et m'entraîna dans vostre sale.

Que vîtes-vous dedans ces lieux,
Que me fit-on, dites mes yeux?
Vous seuls ayant veu ces merueilles,
Vous seruirez à tout le moins,
Par vostre raport de témoins
A l'étonnement des aureilles.

Vn petit bruit qui dura peu,
Fut suiuy de l'éclat d'vn feu,
Qui m'ayant donné de la veuë
Par l'office de ses clartez,
Me fit paroître les beautez
D'vne deesse toute nuë.

Son teint en blancheur sans pareil,
Vn peu coloré de vermeil,
Me fit iuger entr'autres choses
Que la neige du lis viendroit
Faire vn meslange en cet endroit
Auec l'écarlate des roses.

Elle rougit en me voyant,
Et par apres se souriant,
Son beau sein reprochoit pour elle,
Auec des amoureux dédains,
A la paresse de mes mains,
Le fruit d'vne fraise iumelle.

En regardant cette Cypris,
Le fer tomba que i'avoy pris:
Qu'eussay-ie fait voyant ces charmes
Qui me decouuroient vn tresor,
Où rien n'éclatoit que de l'or
Qui m'ostoit le fer de mes armes.

Mon ame, il n'apartient qu'aux dieux,
De resister à ces beaux yeux
Qui vous ont doucement trompée:
Et puisque vos efforts sont vains,
Souffrez que lui donnant les mains
Ie laisse à ses pieds mon espée,

Surpris d'vn tel étonnement,
La peur m'osta le iugement,
Et quoy que la force m'inspire,
Cet accident me resolut
De trouuer vn port de salut
Pour me tirer de ce martire.

Ne recherchez plus le sujet
Qui m'éloigna de cet objet:
Ma plume doucement contrainte
Escrit icy qu'en verité,
Si rien n'égalloit sa beauté,
Rien aussi n'égalloit ma crainte.

Mais ie ne sçay comme il se fit,
Que ie me trouuay sur mon lit,
Où le deffaut de mon courage,
Me fit sentir vn tel effort,
Que bien que ie fuffe à Bon port
Ie craignois encor le naufrage.

En mil six cens dix-neuf, lors que le grand Conseil estoit à Orleans, vne ieune Damoiselle de Paris gaigna mes premieres affections, & me fit perdre mes dernieres estudes. Mais malgré tous les obstacles, l'amour me persuada qu'estant le maistre des dieux ie ne deuoy craindre la resistance des hommes.

SONNETS.

Pour Helene.

N'Oposez à l'amour qui maintenant me presse,
Le defaut de mon âge ou de ma liberté,
L'amour est vn enfant, il aime la ieunesse,
L'amour est vn dieu libre, il suit sa volonté.

Me croyez-vous faillir aimant vne maistresse,
L'homme ne peut faillir qui suit la deité:
Que sert-il d'aporter du plomb à ma vitesse,
Si i'ay les mouuemens d'vne diuinité?

(mes:
Amour, pour vaincre tout ie ne veux que tes ar-
Mais pour vaincre ma belle il ne faut que mes larmes:
Que si les plus grãds biẽs suiuẽt les plus grãds maux,

Ne doy-ie pas souffrir vn Ilion de peine,
Et ne regretter point le temps de mes trauaux
Si ie veux meriter la conquête d'Helene.

Le retour d'Helene à Paris.

LE iour que m'aportoit le ciel de ta presence,
Se va donc éclipser par vn depart si promt,
Qu'il dérobe à mes yeux les astres de ton front
Par l'enuieuse nuit d'vne fâcheuse absence.

Tu pars & ie demeure, & pour ma recompense
Tu me laisses vn mal qui n'a point de second,
Qui met la langue aux yeux, qui d'vn torrét fecond
Font vn fleuue de pleurs d'vn fleuue d'eloquence.

Ma belle c'en est fait, tu changes de sejour:
Mais changeant de pays, ne change point l'amour
Que tu m'as dit porter au seruiteur d'Helene.

Si le Loire a souffert nos brasiers amoureux,
Cruelle, voudrois-tu pour éteindre leurs feux,
Aller prendre de l'eau dans le fleuue de Seine?

A la mesme.

HElene, de mon mal vnique allegement,
Helene, bel objet apres lequel i'aspire,
Helene, doux sujet pour lequel ie soûpire,
Helene mon plaisir, Helene mon tourment.

Helene, helas! Helene, y pensant seulement,
Ie demeure sans voix quand ie veux vous le dire:
Quand ma main prend ma plume, afin de vous l'é-
  crire,
Par trop de promtitude, elle est sans mouuement.

I'écriray toutesfois, indomté de courage,
Que pour vostre sujet, adorable visage,
Tous les obstacles sont sujets de mon mépris.

Vous cacher, me bannir, c'est bien perdre sa peine,
Pourquoy ne peux-ie pas estre vn second Paris,
Si le ciel vous fait estre vne seconde Helene?

Autre sur le mesme sujet.

L'Amour de mes pensers, comme de son pinceau,
Vous peint à mon esprit, si ie clos ma paupiere
Ie vous vois en dormant, si ie suis sans lumiere,
Pour m'éclairer de nuit vous estes mon flambeau.

Si ie suis sur la terre, ou si ie suis sur l'eau,
Vous me suiuez sur terre, & dessus la riuiere:
Car ie vous voy tousiours & deuant & derriere,
La croupe du cheual, la poupe du bateau.

Encor que de mon corps le vostre soit absent,
A mon esprit tousiours vostre corps est present:
Conceuez-vous cela ma diuine maistresse.

Si penetrer les corps par son agilité
Est la propre action de la diuinité,
L'amour m'avoit bien dit que vous estiez deesse.

En faueur de Ieanne, &c.

STANCES.

I'Ay trop long-temps rêué deſſus ce beau viſage,
Pour ne confeſſer pas que i'en aime l'objet:
Et ſi Ieanne me dit que ie ne ſuis pas ſage,
Auſſi-tôt ie diray qu'elle en eſt le ſujet.

L'objet de ſes beautez dont mon eſprit s'enflame,
M'aſſiege tellement qu'il me fuit en tous lieux,
Et mes yeux l'ont porté tant de fois en mon ame,
Que mon ame touſiours le raporte à mes yeux.

Sçachant la liberté que i'ay d'être auec elle,
D'entendre ſes diſcours & de voir ſes apas,
Le iugement de ceux qui la verroient ſi belle,
Condamneroient le mien ſi ie ne l'aimoy pas.

Ie l'aime, & toutesfois par cet amour i'auouë
Quelles ſont ſes beautez, & quel eſt mon defaut:
Car la nommant parfaite, alors que ie la louë,
Ie dy tout, & pourtant i'en dy moins qu'il ne faut.

Tant

Tant de difficultez que mon amour se forge,
Ne peuuent trauerser l'effet de mon dessein:
Car de peur de gâter la neige de sa gorge,
Ie renferme aussi-tôt le feu dedans mon sein:

Ieanne, puisqu'en tes yeux vne flame innocente,
Pour me brûler la nuit s'allume tous les iours:
Ma plume aux mesmes yeux auiourd'huy represéte
Les traits de ton visage & ceux de mes amours.

l.

SONGE.

CEt Hyuer en dormant ie songe que ma flore,
Voulant recõpenser mes peines & mes pleurs,
Me caresse, me baise, & me promet encore
De me garder le fruit de ses premieres fleurs.

Ainsi durant la nuit se leue mon aurore,
Afin de m'assurer que les destins meilleurs
Dans cette vision mettoient vn elebore,
Qui purgeant mon esprit guarissoit mes douleurs.

Mais tandis que ma main à l'arrester s'emplòye,
Ce corps subtil s'écoule, & moy dans cet effort
Ie m'éueille, en criant, ô cause de ma ioye,

Sommeil, l'on vous a creu le frere de la mort,
Mais puisque vos faueurs m'ont fait baiser Siluie,
Ie vous croy bien plutost le pere de ma vie.

La Maîtreſſe de Siluandre l'ayant obli-
gé d'vne bague d'or, dans le chaton
de laquelle eſtoit vne turquoiſe,
il luy fait ce remerciement ou
plutoſt ce reproche.

VOyant les maux que i'ay ſouffers
Deſſous la rigueur de vos fers,
Sçauante en l'art de mignardiſe,
Afin d'en adoucir le poix,
Vous venez flatter ma franchiſe,
En donnant de l'or à mes doigts.

Soyez, ſoyez plutoſt auare,
Ne vous montrez plus ſi barbare;
Ie voy bien qu'à la verité
Voſtre humeur n'eſtant plus françoiſe,
Prend du Croiſſant la qualité,
Pour me donner vne turquoiſe.

L ij

LE MELANCOLIQVE.

Siluandre trouue du diuertissement à la
meditation de la voix de sa
Maîtresse.

STANCES.

*Vous dont les attraits ont esté si puissans,*
Que mon esprit forcé de deffendre mes
   A receu des attaintes: *(sens*
 Excusez si ie parle icy de mon tourment,
Souffrant ie ne peux pas auoir du sentiment,
   Et n'auoir pas de plaintes.

 Ou pleurez ou m'aimez, estant sans amitié,
Rendez-moy pour le moins les marques de pitié
   Qu'ont les plus belles ames:
 Et sans me tourmenter d'vn supplice nouueau,
Ne me refusez pas de me donner de l'eau,
   Me refusant vos flames,

Que ſi vous me iugez indigne de vos pleurs,
Dites-lé pour le moins, pour flatter mes douleurs,
  Dans le mal qui me touche:
Helas! parlez à moy, ſi vous ne voulez pas
Que i'emprunte vos yeux pour pleurer mon trépas,
  Prêtez-moy voſtre bouche.

Cette diuine bouche a des propos ſi doux,
Que ſoit que mon offence apelle ſon courroux,
  Ou qu'elle me conſole:
Mon eſprit ſe reſſent tellement allegé,
Qu'il veut encor faillir, qu'il veut eſtre affligé
  Pour ouyr ſa parole.

        (gars,
Quoy vous parlez des yeux, & leurs puiſſans re-
Me iettent dans le cœur & des traits & des dars,
  Dont la rigueur me tuë:
Beaux yeux que i'aime tant, auez-vous le pouuoir
Qu'on donne aux baſilics, que l'homme ne peut voir
  Sans mourir de leur veuë.

        (pens,
Pardonnez moy, beaux yeux, humble ic me re-
Alors que ie compare au venin des ſerpens
  Voſtre feu qui m'éclaire:
Vous eſtes bien plutoſt des aſtres, mais les dieux
Ont tort de vous loger, pour luire dans les cieux,
  Auec le ſagitaire.

Au pouuoir de vos yeux vous adioûtez encor,
De vos cheueux frisez les treſſes qui ſont d'or,
  Dont la puiſſance eſt telle:
Que ie ne peux trouuer d'aſſez forte raiſon
Qui deffende aux captifs d'entrer à la priſon
  Où la chaine eſt ſi belle.

Non, ie n'eſtime pas que la captiuité
D'vn ioug ſi gracieux contre ma liberté
  Me donna de la peine:
Car pour m'oſter du cœur tout meſcontentement,
Ie demande auſſi-toſt d'entendre ſeulement
  La voix de Madeleine.

O voix qui me charmez par vos enchantemens,
Et qui coulez aux cœurs tant de contentemens,
  Ie tairay vos loüanges:
Puis qu'vn mortel ne peut loüer ſans vanité
L'incomparable voix d'vne diuinité
  Qu'auec la voix des Anges.

Anges mignons du ciel, Anges à cette fois,
Prêtez-moy voſtre eſprit, prêtez-moy voſtre voix,
  Pour loüer ma deeſſe:
Anges excuſez-moy, car ie me ſuis meſpris,
Vous n'auez plus de voix, vous n'auez plus d'eſprits
  Qu'au corps de ma maîtreſſe.

DISCRETION.

Ous auez menti ma memoire,
Ie n'en fu iamais poſſeſſeur,
Iamais Philis ne m'a fait boire
Ce que l'amour a de douceur.

Ma Philis, vous ay-ie baisée,
Ne m'en faites point ſouuenir:
Car ie commande à ma penſée
De ne m'en pas entretenir.

O ſolitude ma fidelle,
Si ie vous ay parlé iamais
Que ie ſuis le cœur de ma belle,
Dites-lé, ie vous le permets.

Philis, demandez aux campagnes,
Aux humbles valons, aux coſteaux,
A ſes orgueilleuſes montagnes,
A ſes foreſts, à ſes ruiſſeaux.

Ce ſont là tous mes ſecretaires:
Mais ie peux vrayment vous iurer,
Qu'ils ne ſçauent pas les affaires
Que ie veux moy-meſme ignorer.

Et toutesfois ie vien d'aprendre
Que vous m'apellez indiscret,
Et que vous dites que Siluandre
Ignore les loix du secret.

Nous n'auons eu pour témoignage
De nos saints & chastes amours,
Que les buissons de ces bocages
Où les eaux amusent leurs cours.

Si nos amours sont décelées,
Ces eaux l'ont dit à leurs poissons,
Ou quelque oyseau de ces vallées
La peut-estre apris des buissons.

Cette eau ne peut souffrir l'iniure
Qu'on luy fait à cause de vous;
Oyez-vous pas qu'elle en murmure,
Et qu'elle en parle à ses cailloux?

Les oyseaux sont de la partie,
Car ils défendent les buissons,
Disant à l'eau pour repartie,
Que les maquereaux sont poissons.

Cessez de me blâmer, ma belle;
Car le ciel marri de mes maux,
Pour accorder nostre querelle,
Fait disputer les animaux.

SILVANDRE
SE PROMENANT DANS
les forests, s'entretient auec l'Echo,
de ses Amours.

Aveugles passions, desespoirs furieux,
Qui peut m'oster l'objet, qui m'assiege (de mon ame:
    les yeux,
Et qui fait de mes yeux les bourreaux
Qui peut de mes brasiers faire mourir la flame,
Qui peut contre vn tiran m'exempter de sa loy?
Et parmy les frayeurs qui peut m'oster démoy?
    Echo.   Moy.

Toy qui parles en l'air, & qui ne veux paroistre,
Si i'ignore mon mal, le pourrois-tu connoistre?
Mon mal blesse mon cœur, & mõ cœur s'en nourrit;
Vn enfant me tourmente, vne femme s'en rit:
Qui pourroit m'alleger dedans cette torture,
Que me conseille-tu dans le mal que i'endure?
    Echo.   Dure.

Durer dedans les feux, durer dans le soucy,
Ie ne peux sans mourir, ie ne peux viure ainsi.
          Echo.   *Si.*

Si, mais comment cela, dy-moy que faut-il faire,
Pour durer dans le mal d'vn tourment volontaire?
          Echo.   *Taire.*

Quoy se taire & souffrir? comment, ne faut-il pas
Accuser la cruelle, & blasmer ces appas?
          Echo.   *Pas.*

Mais que me sert cela d'endurer dauantage,
Qui me fera iouyr de cet humeur volage?
          Echo.   *L'âge.*

L'âge, que veux-tu dire, elle a plus de vingt ans,
Est-il pas la saison d'auoir ce que i'attens?
          Echo.   *Temps.*

Que faut-il faire encor, afin que ma constance,
Apres vn si long-tems, ne soit sans récompence?
          Echo.   *Pense.*

Ie penſe à luy vouloir tout le bien que ie peux,
Ie penſe à l'agrandir à l'égal de mes veux:
Ie penſe que mes vers, la rendant ſans exemple,
Contraindront nos neueux à luy bâtir vn temple:
Tant & tant de penſers feront-ils ſuperflus,
Peut-elle auoir de moy quelque choſe de plus?
   Echo.   *Plus.*

De plus, hé qu'ay-ie encor, ta reſponſe m'entame
D'vn piquant aiguillon le plus profond de l'ame?
   Echo.   *L'ame.*

Mon ame reſte encor, ne faut-il plus ſinon
Que preſenter mon cœur à l'honneur de ſon nom?
   Echo.   *Non.*

De cet amour naiſſant l'vnion mutuelle,
Doit en dépit du temps demeurer immortelle.
   Echo.   *Telle.*

Mais qu'aymay-ie premier, ſon bel œil ou ſa main,
Qui me fit amoureux la voyant ſans deſſein?
   Echo.   *Sein.*

L'amour auec ſes traits, d'vne telle victoire,
Eſt donc le redeuable à ce beau ſein d'yuoire.
   Echo.   *Voire.*

Elle a ie ne sçay quoy qui n'a point de pareil,
Et qui peut égaller la clarté du soleil.
   Echo.   *L'œil.*

Comment la faut-il voir, afin d'auoir la veuë
D'une telle beauté qui ne m'est pas connuë?
   Echo.   *Nuë.*

Quel temps faut-il choisir pour auoir ce deduit,
A qui le iour fait tort & la chandelle nuit?
   Echo.   *Nuit.*

De qui peux-ie obtenir la faueur que i'apelle,
Ce que peut obtenir vn seruiteur fidelle?
   Echo.   *D'elle.*

A la fin quel feray-ie, alors que les bons dieux
Me permettront ce bien dont i'estois enuieux?
   Echo.   *Vieux.*

Mais enfin que feray-ie, afin que la pariure
Ne me face vieillir auecque cette iniure?
   Echo.   *Iure.*

Ie iure que ie l'aime, & si tous mes tourmens
Ne trouuent point de fin apres tant de sermens.
   Echo.   *Mens.*

Que ie mente, perfide, & cõmette vn blafphéme,
En iurant que ie l'aime autant comme moy-même;
Ie l'aime & ie le iure. Hé quoy, nommeras-tu?
Et iurer & mentir, vn acte de vertu;
Trouue plutoſt le nom du deuot facrifice,
Qui m'a fait immoler mon cœur à fon feruice.
  Echo.   Vice.

Vn vice, mon amour, c'eſt bien n'eſtimer point
Pour parfaite vertu cette ardeur qui m'époint.
  Echo.   Point.

Répon-moy, que feray-ie, ayant quitté l'vfage
D'adorer les beaux traits de ce diuin vifage?
  Echo.   Sage.

Mais que feray-ie, ayant vn iour entre mes bras
L'obiet de mes plaifirs & de tout mon foulas?
  Echo.   Las.

Ouy, laſſé de plaifir; mais que peut-on fe faire,
En poſſedant le bien que poſſeder i'efpere?
  Echo.   Pere.

Le feray-ie bien-toſt? i'eſtois éuanouy,
Tu m'as refufcité, ce nom m'a réiouy.
  Echo.   Ouy.

Que deuiendra ma belle, apres que mon martyre
M'aura fait poffeffeur de ce bien ou i'afpire?
   Echo.   Pire.

O bons dieux, quels feront les plaifirs de mes iours,
Si ma belle me veut dénier fon fecours?
   Echo.   Cours.

Ie ne fçay qui me trouble efcriuant ce langage,
Qui m'ofte la raifon, l'efprit & le courage?
   Echo.   Rage.

Comment, cette fureur, autresfois mon mefpris,
Me poffede à prefent où font tous mes efprits.
   Echo.   Pris.

Mais pour deuenir fage, ayant vne maîtreffe,
Ne dois-ie pas l'aimer, ou bien l'aimer fans ceffe?
   Echo.   Ceffe.

Que donc mon amour ceffe, ô confeils de rocher,
Ie m'eftonne comment l'amour peut te toucher?
Non, tu n'aimas iamais, ce n'eftoit qu'vne fable,
De dire qu'à l'Echo Narciffe eftoit aimable?
Babillarde tay-toy, maudit qui te trouua,
Car qui s'arrête à toy iamais il n'acheua.
   Echo.   Va.

POVR PHILIS.

LE MIRACLE
D'AMOVR.

POVR PHILIS.

LE MIRACLE D'AMOVR.

SONNET.

BAbilone a vâté ses murailles de brique,
Rhode a fait renommer son colosse or-
    gueilleux,   (sourcilleux,
Et l'Egipte a fait cas des sommets
D'vne masse de pierre admirable en fabrique.

Ephese aimoit son temple ainsi qu'vne relique,
Semiramis auoit des iardins merueilleux,
Le tombeau de Mausole estoit miraculeux,
Et ne luy cedoit pas Iupiter olimpique.

Les anciens ont dit merueilles en leurs vers,
Des miracles premiers qu'on vit en l'vniuers:
Mais moy i'ay pour sujet la merueille seconde.

O ma Philis, alors que ie décry vos yeux,
Celebre qui voudra sept miracles du monde,
Ie reserue à ma plume vn miracle des cieux.
                                M

SONNET.

L'On se trompe, anciens, d'écrire qu'en vostre
    âge   (beaux:
L'amour n'auoit point d'yeux, il en auoit deux
Mais vous n'auez pas veu ces celestes flambeaux,
Desquels depuis vint ans il a perdu l'vsage:

 Amoureux, aprenez comment ce dieu volage
Voulut perdre le feu de ces astres gemeaux:
Ne blámez mes discours pour estre trop nouueaux,
Philis a de mes vers le viuant témoignage.

 Lors que Philis náquit, pour l'orner de beauté,
Chaque Dieu d'vn rayon de sa diuinité,
Fauorisa le point de sa belle naissance.

 Mais voulant surpasser l'effort de leur puissance,
Pour luy faire vn present, Cupidon aima mieux
En deuenir aueugle, & luy donner ses yeux.

SONNET.

Beaux yeux où luisez-vous, mes soleils que i'a-
 dore,
Sans vous, pour moy le iour n'a rien qu'obscurité:
Beaux cheueux prenez-vous vne autre liberté,
Cependant que captif vous me tenez encore.

Beau visage, plus beau que celuy de l'aurore,
Le desirable obiet de ma felicité,
Bel esprit, qu'vn rayon de la diuinité,
Fait que l'homme l'admire & que l'Ange l'honore.

Amoureux entretiens, agreables discours,
Beautez, charmes, apas, mignardises, amours:
O Philis mon souhait, ô Philis mon enuie.

Philis belle d'esprit, Philis belle de corps,
Presence de Philis si i'ay par vous la vie,
Absence de Philis i'ay pour vous mille morts.

SONNET.

O Nuit pour mes ennuis tant seulement seconde,
Pourquoy n'aportez-vous la fin à mes tra-
uaux?
Serez-vous plus qu'à moy fauorable aux cheuaux?
Repos, seray-ie seul sans repos en ce monde?

Sommeil, dans les longueurs de cette nuit pro-
fonde,
Pourquoy réueillés-vous mon amour & mes maux?
Quand vous flattez les yeux de tous les animaux,
Aux peines que ie souffre aucun ne me seconde.

Sommeil, retirez-vous, vous nuisez à mes veux,
Le froid de vos pauots assoupiroit mes feux:
Allez sommeil, allez, laissez venir l'aurore.

Car puisque les proces m'ocupent tout le iour,
Si cependant la nuit ie reposois encore,
Ie n'aurois point de temps pour penser à l'amour.

SONNET.

Ie diſoy l'autre iour ma peine & ma triſteſſe
Sur le bord ſablonneux d'vn ruiſſeau, dont le cours
Murmurant, s'accordoit au langoureux diſcours
Que ie faiſois aſſis proche de ma maîtreſſe.

L'occaſion lui fit trouuer vne fineſſe;
Siluandre (me dit-elle) objet de mes amours,
Afin de t'aſſurer que i'aimeray touſiours,
Ma main deſſus cette eau t'en ſigne la promeſſe.

Ie creu tout auſſi-toſt que ces diuins ſermens,
Commençant mon bonheur, finiroient mes tourmens,
Et qu'enfin ie ſerois le plus heureux du monde.

Mais, ô pauure innocent, de quoy faiſoy-ie cas,
Eſtant deſſus le ſable elle eſcriuoit ſur l'onde,
Afin que ſes ſermens ne l'obligeaſſent pas.

SONNET.

L'Inhumaine Philis m'auoit mis en colere,
Voyant que mes douleurs ne la pouuoiët toucher,
Quand ie priay l'amour qu'il luy pleût de chercher
Vn remede qui peût adoucir ma misere.

Montre-moy (me dit-il) cette ame trop austere,
Vn trait si penetrant ie luy veux décocher,
Que ie la perçeray fut-elle de rocher,
Et luy feray sentir combien ie suis seuere.

En fin ie luy fis voir les roses & les lis,
Qui se faisoient l'amour sur le teint de Philis:
Mais à peine vit-il vne chose si belle,

Que sa fleche aussi-tôt de ses mains écoula:
C'est ma mere (dit-il) que tu me monstres-là,
Temeraire, veux-tu que ie tire contre elle?

SONNET.

ET la mer & l'amour ont l'amer pour partage,
Et la mer est amere, & l'amour est amer,
L'on s'abyme en l'amour aussi bien qu'en la mer,
Car la mer & l'amour ne sont point sans orage.

Celuy qui craint les eaux qu'il demeure au riuage,
Celuy qui craint les maux qu'on souffre pour aimer,
Qu'il ne se laisse pas à l'amour enflamer,
Et tous deux ils seront sans hazard de naufrage.

La mere de l'amour eut la mer pour berçeau,
Le feu sort de l'amour, sa mere sort de l'eau,
Mais l'eau contre ce feu ne peut fournir des armes.

Si l'eau pouuoit éteindre vn brasier amoureux,
Ton amour qui me brûle est si fort douloureux,
Que i'eusse éteint son feu de la mer de mes larmes.

LA COLERE
DE SILVANDRE'
CONTRE LES SOTISES
DV MONDE.

A MONSIEVR LE PRESIDENT DE BERNIERES.

SATYRE.

*Soleil par qui nous voyons,*
Dont le flambeau pour nous s'allume,
Prête-moy l'vn de tes rayons,
Afin de me seruir de plume:
Donne le iour par le secours
De ta lumiere à ce discours,
Et lors il me sera possible
De peindre icy la verité,
Et de la rendre autant visible
Comme est visible ta clarté.

Le pouuoir du Tyran d'Athenes,
Et la contrainte de ses loix,
Ne peuuent défendre la voix
A la langue de Demosthenes:
Ce cœur inébranlable est tel,

Que l'effet d'vn poiſon mortel
Ne l'étonne alors qu'il le touche,
Quand malgré la captiuité
La mort void ſortir de ſa bouche
Et la vie & la verité.

S'il falloit que de cette ſorte
Le diſcours nous fut défendu,
Nos courages n'ont pas perdu
La clef d'vne pareille porte:
Monſtrons, monſtrons à l'vniuers,
Par la liberté de nos vers,
Que nos plumes ont vn office
Que le temps n'a point abatu,
C'eſt de donner le blame au vice,
Et la loüange à la vertu.

Tu m'échapes, ô patience,
Quand ie voy le front d'vn rêueur,
Qui dit qu'au prix de ſon labeur
Le ciel a vandu la ſcience:
O foibles eſprits dépendans
De la noire humeur des pedans,
Aprenez de cette lecture
Que vous vous trauaillez en vain,
Lors qu'en dépit de la nature,
Le ſeul art vous prête ſa main.

Vne seuer · solitude
Ne lime point ce que i'escris,
Ie ne peux battre mes esprits
Dessus l'enclume de l'étude:
Tant de liures & d'instrumens
Qui rabotent nos iugemens,
Dans la boutique des écholes,
Nous font cognoistre à nos despens,
En voulant former nos paroles,
Que l'on y difforme nos sens.

Pedans, ie fais vn sacrifice
De vos verges & de vos noms,
Et de vos bonnets aux asnons,
Pour immoler vostre artifice
A la puissante deité
De mon naturel irrité:
Ie veux, ie veux à vostre honte,
Deuant les yeux de l'vniuers,
Que quelque bon esprit confronte
Vos escrits auecque nos vers.

Ignorans que la bile enfume,
D'vn gros sang tellement noirci,
Qu'on void aussi-tôt obscurci,
Tout ce que touche vostre plume:
Pedans, ie vous coniure tous,

Puisqu'on doit châtier les fous
Qui gâtent le papier de France,
A renoncer presentement
De mettre au iour vostre ignorance
Pour éuiter le châtiment.

Mais ne craignez point de me lire,
Vos deffauts seroient trop heureux,
Si quand ie me fasche contre eux,
Pour vous ie deuenoy satyre:
Dites que l'art donne les mains
A des naturels plus qu'humains,
Et qu'il ne peut auec ses veilles,
Par la plume, faire monter
Si haut les aîles des corneilles
Que des oyseaux de Iupiter.

Puis qu'vne douce humeur m'apointe
Auecque mes plus grands riuaux,
Mon éperon pour les cheuaux
Seulement aura de la pointe:
Quand les fauoris d'Apollon
Ont dans leur plume vn aiguillon
Qui picque & blesse les aureilles,
Qu'on flatte ses mignons du ciel,
Alors ils feront des abeilles
Qui ne donneront que du miel.

C'est contre vous, ame tortuë,
Qui voulez détourner le sens
De mes vers les plus innocens,
Que ma colere s'euertuë:
Contre vous ma plume de fer
Empruntera dedans l'enfer
Des traits tellement effroyables,
Qu'ils feront auoüer à tous,
Qu'on pourra trouuer de beaux diables,
S'ils sont comparez auec vous.

Vous qui, commettant des offences,
Recherchez les lieux plus cachez,
Estimez-vous qu'à vos pechez
Ces voiles seruent de défences:
Que si l'effort de nos esprits,
Par les sciences a compris
Ce qui fait rouler le tonnerre,
Et les autres secrets des cieux,
Pensez vous pouuoir sur la terre
Cacher quelque chose à nos yeux.

Non non, n'irritez point nos veines
Flattez les plutost, ignorans,
Et craignez au moins nos torrens,
Si vous n'aimez pas nos fontaines:
Mais vous qui cherissez l'honneur,

Beaux esprits, cherchez le bon-heur
D'auoir ces pinceaux fauorables,
Qui par nostre dexterité
Peuuent mesme vêtir les fables
Des couleurs de la verité.

O CHARLES, de qui le genie
S'est rendu le maistre du mien,
Si quelque meilleur entretien
Vostre loisir ne me dénie,
Voyez dans ces derniers portraits
La gentillesse de mes traits,
Ou des choses que i'ay dépeintes,
La delicate obscurité,
Auec les ombres de mes feintes,
Met au iour cette verité.

Nains d'esprit, petites ceruelles,
Ne soyez point si curieux
Que de vouloir ietter les yeux
Dessus des images si belles:
CHARLES, seul objet de mes veux,
C'est à vous, esprit vigoureux,
A qui s'adressent ces figures:
Car ie quitteroy les pinceaux,
Si pour regarder mes peintures
Vn autre en tiroit les rideaux.

L'INNO-

L'INNOCENCE D'AMOVR.

SONNET.

TV me dis que l'amour est tousiours en enfance,
Qu'il se plaist, comme enfant, à mille petits jeux,
Et s'il blesse quelqu'vn se ioüant de ses feux,
Que le mal qu'il luy fait vient de son ignorance.

Qu'aueugle est cet archer qui n'a pas connoissáce
Où fraperont ses traits qui sont si dangereux:
Et si pour son sujet quelqu'vn est malheureux,
Tu m'assures que c'est vne pure innocence.

S'il est vray que l'amour ne t'est pas inconnu,
Qu'il est vn imbecile, & qu'il va tousiours nu,
Innocent, dépoüillé de malice & de ruse:

N'ay-ie point de raison, quand le mal que ie sens
Me fait dire, qu'Herode auroit eu quelque excuse,
S'il eut tué l'amour auec les Innocens.

LE MISOGINE.

L'Amour durant mon premier âge,
Auec les fers du mariage,
Lioit mon corps & ma raison:
Mais à present ma femme est morte,
Et i'ay la clef de cette porte
Qui me retenoit en prison.

Tous mes soins s'en vont en fumées,
Auec ces torches allumées,
Quand au tombeau ie la conduy:
I'ay donc raison si ie celebre,
Au lieu d'vne oraison funebre,
Vn chant de triomphe auiourd'huy.

La bien-seance, en sa memoire,
Me fait porter la couleur noire:
Mais ie vous diray nettement,
Que c'est pour ne rompre la mode,
Et que ce dueil ne m'incommode,
Ne passant point le vêtement.

Bien vîte auec cet equipage
Ie dreſſe aux enfers vn voyage,
Pour dire à ce vieux nautonnier
Qu'il paſſe toſt ſa vaine idole,
Et que ie donne vne piſtole
Pour ma femme, au lieu d'vn denier.

I'ay le deſſein dans ma penſée,
Alors qu'elle ſera paſſée,
De faire ma plainte à Pluton,
Qu'vn diable pour me rendre infame,
Deſſous la forme d'vne fame,
Me fit épouſer Alecton.

Ie diray qu'au lieu de Cerbere
Il peut enchainer ma Megere,
Eſtant aſſuré que ſa voix,
Encor qu'elle n'ait qu'vne teſte,
Fait plus de bruit que cette beſte
Laquelle en a iuſques à trois.

Ainſi ie veux faire trophée
D'aller aux enfers comme Orphée:
Mais ſi ce ſot veut ſejourner,
Afin que ſa femme reuienne,
I'y deſcens afin que la mienne
N'en puiſſe iamais retourner.

LA DIGNITE'
Des vendeurs de lanternes & de cornets d'écritoire.

Vendeurs de cornets d'écritoire,
Et tous vous autres lanterniers,
Sçachez à quel degré de gloire
Monte l'honneur de vos métiers.

Par la ville ie vien d'aprendre
De l'vn de mes plus confidens,
Qu'on trouue des cornes à vendre
A la maison des Presidens.

Vostre honneur n'aura plus de bornes
Qu'on plaide contre vous ailleurs,
Car ceux qui trauaillent aux cornes
Ont par trop d'accez chez Messieurs.

Confolation fur la mort du Perroquet de Mademoifelle D.&.c.

NE pleurez plus pour voſtre perroquet,
   Puis qu'il eſt mort vos pleurs ſont inutilles,
La pauure beſte a laiſſé ſon caquet
Par teſtament à l'vne de vos filles.

EPIGRAMME.

MOn honneur qu'ay-ie fait, au lieu d'eſtre loüé,
   Tu ne ſers maintenant que de fable à la ville,
Comment ſe feroit-il que n'ayant point joüé,
Ie peuſſe auoir perdu la qualité de fille.

   Que ſi dans mon malheur aucun ne me défend,
Ie diray toutefois que ma faute eſt legere,
Ie pers le nom de fille en croyant vn enfant,
Lequel par ſes conſeils m'a fait deuenir mere.

LA ROBE ROVGE.

A la Nobleſſe.

PEtite Nobleſſe on vous flate,
 Quand pour vous vêtir leſtement,
L'on dit que la ſeule écarlate
Vous doit ſeruir de vêtement.

 Que ſi vos genereux courages,
Dans l'éclat de cette couleur,
Ont mis quelqu'vn des auantages
Que l'on doit à voſtre valeur.

 Il ne faut pas qu'on degenere
Changeant vn vêtement ſi beau,
Mais ſi la robe en eſt trop chere,
N'en achetez que le manteau.

L'ESPERANCE.

A Clarice.

SI l'espoir d'vn iour fauorable,
Peut nourrir vn plus miserable
Que ne pourroient peindre mes vers,
Me doit-on blâmer d'ignorance,
Lors que i'ay dit que l'vniuers
A pour nourrice l'esperance.

Afin de rendre indubité
L'essay de cette verité,
Puisque d'estre femme, Clarice
Espere depuis si long tems,
Pierre, mettez hors de nourrice
Cette fille de cinquante ans.

EPIGRAMME.

LE croirez-vous races futures,
Qu'vn maçon, vn simple artisan,
A plus mangé de confitures
Que le plus friant Courtisan.

Ie ne sçay si le sucre & l'ambre
Ne l'ont point trompé quelquefois:
Mais ie sçay bien qu'vn pot de chambre
Auoit pour luy confit des nois.

EPIGRAMME.

DE nostre forgeron qui cloche
La femme est vn autre Cypris,
Et sans doute il y sera pris,
S'il faut que ce soldat l'aproche,
Car l'almanach dit pour certain
Que ce Mars le fera vulcain.

Sur la difpute qu'eut Siluandre contre vn ieune Secretaire grandement gourmand, pour vne pomme.

N ieune fot de Secretaire,
L'excrement de quelque Notaire,
Ou le batard d'vn écriuain;
Ne merite pas cette gloire
Que pour punir fon écritoire
Ie mette la plume à la main.

Son gentil habit du Dimanche,
Sa chemife & fa fraife blanche,
Son beau caftor & fon cordon,
Craignant que l'ancre ne les touche,
Recherchent par tout vne bouche,
Afin d'implorer leur pardon.

C'eft par raifon & par contrainte,
Que pour combattre pour leur plainte
Ils cherchent vn autre foldat:
Vrayment ils auroient bel attendre
Qu'il euft des mains pour les défendre,
Puis qu'il les a toufiours au plat.

Sans attente de repartie,
Vn homme se rend sa partie,
Puisqu'il ne peut se reuanger:
Cette bouche de secretaire
Ne discourut iamais d'affaire,
S'employant tousiours à manger.

Quoy que promette sa casaque,
Ie ne redoute point l'attaque
Où se prepare ce gourmand :
Que s'il estoit vn habile homme,
Iugeroit-il pas que la pomme
Sera du costé du Normand.

EPIGRAMME.

Qvand l'yurongne Martin fut vieux,
Le Medecin qui le conseille,
Luy dit vn remede à l'aureille
Pour guerir le mal de ses yeux.

Mon pauure compere Martin,
Ta maladie m'est connuë,
Tu n'auras plus tantost de veuë
Si tu bois encore du vin.

Lors Martin fermant ses paupieres,
Adieu, dit-il, adieu lumieres,
Le bon Martin n'a que trop veu,
Et n'a pas encore assez beu.

Aueugle, ie feray connoistre
Cette veritable leçon,
Qu'il n'importe pour la fenestre,
Pourueu qu'on sauue la maison.

EPITAPHE.

CY gist l'adonis d'Ethiope,
Vn ange beau comme vn Esope,
Le ganimede de Pluton,
Et le maquereau d'Alecton,
Qui n'eut iamais autre poupine
A ses costez que Proserpine.

Cy gist, mais non icy gira,
Il est viuant, mais il mourra,
Et de sa mort i'ay tant d'enuie,
Que i'ay préuenu son tombeau,
Qui doit seruir durant sa vie
A l'epitaphe d'vn corbeau.

EPIGRAMME.

SI tu veux opoſer, quand ta bouche eſt ouuerte,
Ton nez auantageux aux rayons du Soleil,
Ton nez de qui Bachus regretteroit la perte,
S'il en vouloit donner à Silene vn pareil.

Ton nez, alors ton nez ſi ferme tu demeures,
Et ſi tu veux ſerrer tes lipes en dedans,
Ton nez, patron des nez, me fera voir les heures
Que ſon ombre au Soleil marquera ſur tes dents.

EPIGRAMME.

IE veux que vous ſoyez ſages comme Neſtor,
Pour eſtre Magiſtrats vous n'êtes que profanes,
Et ne pouuez monter ſans vne échelle d'or
A la chaire où le pris éleue les ſotanes.

EPIGRAMME.

VN Iuge fourd donnoit fentence
 Sur les differens de deux fourds,
L'vn fe plaint qu'vn autre l'offence
Et par effets & par difcours.

 Et l'autre, d'vn autre perfonne
Qui l'auoit payé d'argent faux:
Sur leurs décords le Iuge ordonne
Que l'on deliuraft leurs cheuaux.

 Ce Iuge auroit fait des merueilles,
Auec vn acte glorieux,
Si pour acheter des aureilles
Il eut voulu vendre fes yeux.

EPIGRAMME.

QVuand ie te voy, vifage de poupée,
 Ie dy qu'en ta façon
 Nature fut trompée,
Penfant faire vne fille elle fit vn garçon.

L'épitaphe d'vn ieune Poëte, dont les
vers presentez au Louure furent
iugez dignes des priuez
de la Cour.

Lieux priuez & publics, frians depositaires
Odorables tombeaux où reposent ces vers,
A ma bouche de bas seruez de secretaires,
Ie pette vn epitaphe au nez de l'vniuers.

  Cy gist vn Poëte nouueau,
  Qui remplit de vers ce tombeau,
  Bouche ton nez & ne t'amuses,
  Icy gist l'excrement des muses.

RESPONCE.

POurceau, dont la sale nature
 Se plaist à parler de l'ordure,
De peur d'infecter l'vniuers,
Auec la fin de tes loüanges,
Il faut, gros vilain, que tu manges
L'essence de ton dernier vers.

REPLIQVE.

Mon petit frere excuse-moy,
Ie ne suis de sale nature,
Ie n'ay parlé iamais d'ordure
Qu'alors que i'ay parlé de toy.

Mais tu comprens mal ta loüange,
Et tu l'expliques de trauers:
Mon frere, il faut que ie te mange,
Si ie mange mon dernier vers.

EPIGRAMME.

TRois Parques chez Pluton deuidét nos années,
Les mains de Lachesis en tournét les fuseaux,
Et celles de Cloton en filent les iournées,
Mais Atropos les coupe auecque ses cizeaux.

Ce larron qu'on pendit a bien connu l'vsage
Du fil de Lachesis & de Cloton aussi:
Mais pour couper la corde, à son plus grand domage.
Atropos ne vint point à ce gibet icy.

Le

Le chef-d'œuure d'vn Peintre.

Deux bons peintres vn iour disputerēt la gloire
De faire à qui mieux mieux deux excellens
portraits,
Auoüaut celuy-là digne de la victoire,
Qui suiuroit de plus prez la nature en ses traits.

L'vn peingnit vn prêcheur, lequel de sa posture
Sembloit entretenir grand nombre d'assistens:
Et l'autre ingenieux fit voir par sa peinture
Vn drôle qui beuuoit & qui haussoit le tems.

Le iuge du décord en son esprit chancelle,
Pour dire son aduis des deux portraits qu'il voit:
Ne sçachant au certain lequel des deux excelle,
Ou de celuy qui prêche, ou de celuy qui boit.

Rien ne manque au prêcheur, dit-il, que la parole,
Tant sa teste s'accorde aux gestes de son bras:
I'ay donc gagné, dit l'autre, & voy-tu pas mon drôle
Qui boit? & qu'en beuuant l'homme ne parle pas.

LE GLORIEVX.

Voy cet excrement de boutique
Qui veut se loger au Palais,
Il fait l'amour à la pratique,
Et se fait suiure à deux valets.

Il n'entend rien à la chicane:
Mais par vn principe bourgeois
Il croit que son manteau de pane
Suplêra le defaut des lois.

Sa rotonde & ses bouts de manches
Sont ajustez par le compas,
Sa teste ainsi comme ses hanches
Suit le mouuement de ses pas.

Mais, auec raison, l'on reproche
A ce glorieux mal-adroit,
Que dedans sa teste qui cloche
L'on ne trouua iamais le droit.

Plainte du Lieure.

Victime aux dents des chiens, & sujet de leurs quêtes,
Et la terre & la mer ont contre-moy des chiens;
Et si pour me chasser, des chams elisiens, (testes.
L'on m'a dit qu'en ces lieux est vn chien à trois

Toutes sortes de gens ont des chiens auiourd'huy,
Le vilain me trahit & le noble me chasse,
Et pour môstrer qu'au ciel ie n'auray point de place,
Le ciel fait voir le chien qu'Apollon a chez luy.

EPIGRAMME.

Anne, quand ie veux vous écrire
Combien vos yeux me semblent beaux,
Ie les appelle mes flambeaux,
Car i'y voy touſiours de la cire.

LA BEAUTE' DV PETIT
chien Morillon.

Our tuer le temps, quelle étude
Doit employer ma solitude,
Car le retour des longues nuits
Semble r'amener mes ennuits:
Ie ne veux peindre ou contrefaire
Vne grotesque, vne chimere,
Vne grenoüille, vn papillon,
Mais ie veux peindre Morillon:
Morillon, digne qu'on l'apelle
Le plus beau chien de damoiselle
Que la France ait iamais porté,
Tant il est rempli de beauté.
 Ce petit chien a cent merueilles,
Le nez camus, longues aureilles,
Noirs sont ses yeux, blanche est sa peau,
Qui n'aimeroit vn chien si beau?
Grasset de corps, grosset de teste,
Telle est cette gentille beste,
Que son maître en fait plus de cas
Qu'il ne feroit de cent ducas:
 Pour sa maîtresse, elle luy porte

Vne amitié tellement forte,
Que par trois iours elle a pleuré
Morillon qui fut égaré:
Pour consoler la pauvre fille
On le clocheta par la ville,
Et le clocheteur fit si bien
Que l'argent retroüua le chien.

  Vn poulain, le iour du Dimanche,
Luy donna du pied sur la hanche,
Dont il cloche si gentiment
Que ce mal luy sert d'ornement.

  Ce petit chien, quand on le flate,
Vous tend si joliment la pate,
Qu'il semble auoir du iugement
Pour vous rendre ce compliment:
Si ie ne l'aime & le caresse
Ie n'aimeroy point ma maîtresse,
Puisque l'objet d'vn chien si beau
Me fait souuenir d'Ysabeau,
Car nature, pour l'amour d'elle,
Luy fit vne aureille isabelle.

  Vn satin blanc est moins poli
Que cet animal si joli:
Mais en vn mot, pour vous décrire
Combien ces beautez on admire,
Ie vous diray ce qu'en a dit
Vne personne de credit;

O iij

Personne qui fait mille festes
A toutes ces petites bestes,
Et merite parmy les siens
D'estre apellé pere des chiens:
Car admirant que la nature,
En cette seule creature
Eût ramassé tous ses thresors
Pour parfaire ce petit corps,
Dit lors à sa proche parente,
Morillon ressemble à ma tante:
Car comme ie ne trouue rien
De plus beau que ce petit chien,
L'on ne trouue dans cette ville
Rien de si beau que cette fille,
Et ie confesse d'auiourd'huy
Que Bellaut est moins beau que luy:
Mon Bellaut, mon chien, mon fidelle,
Qui vient à moy quand ie l'appelle,
Qui cependant le iour me suit,
Et ne me quitte point la nuit.
  Après ce témoin sans reproche,
Ie dy voyant ce chien qui cloche,
Que le poulain puisse mourir,
Et le chatreur puisse perir
Qui nous a coupé l'esperance
D'auoir des MORILLONS en France.

LA CHEVTE
d'Icare.

QVand Dedale en volant vit le secours des aîles
       Inutile à son fils,
Vole, vole au milieu, ne te pers point par elles,
Pour te sauuer, dit-il, Icare ie les fis.

Icare, Icare, tombe; & que sert ma parole?
       L'eau le va submerger.
Helas, ie l'auerty comment il faut qu'il vole,
Au lieu de l'auertir comment il faut nager.

L'vtilité des Greffes de Greue.

ON fit voir vn matin au dédaigneux Siluandre
Qu'vne potence auoit une femme à fon bout,
Mais il void à l'inftant que l'on vient la dépendre,
Il fe tait toutesfois & remarque le tout.

Toft aprés il demande à quel endroit demeure
Celuy-là qui tiroit le corps de ce poteau;
Apres qu'il eut apris, il part fur la mefme heure,
Et fait fon compliment au retour du bourreau.

A celle fin dit-il, que celle qui fe cabre
Contre mes volontez ne face plus de bruit,
Compere, donne-moy des greffes de cet arbre
Où l'ay veu ce matin que tu cueillois du fruit.

Le bon Laboureur.

Lors que Perrot semant son grain,
Dessus la terre l'abandonne,
Iacquet qui ne sçait son dessein,
Quand il le voit il s'en étonne.

Lors Perrot respond à ce veau,
Qui luy faisoit si laide mine,
Ie seme, dit-il, vn boisseau
Afin de cueillir vne mine.

Iacquet oyant cette responce,
Amasse tous ses vieux haillons,
Il vous les prend et les enfonce
Dedans le plus creux des sillons.

L'on demande apres ses sotises,
Que fay-tu-là de ces lambeaux,
Ie seme, dit-il, des drapeaux
Pour en recueillir des chemises.

EPIGRAMME.

Le grand Intendant des pâtures,
Tout orgueilleux de ses postures,
Ayant le baston à la main,
T'apelle batard & vilain:
Repartant pour toy, ie le nomme,
Et legitime & Gentil-homme,
Mais l'on m'a bien tost auerti
Que nous auions tous deux menti.

AVTRE.

Ie sçay bien que ta femme est belle & bien honneste,
Compere, pour cela n'en fois point glorieux,
Car puisque le Soleil loge dedans ses yeux,
La Lune pourroit bien loger dedans sa teste.

SONNET.

VOy ce nez precieux & ce rouge museau,
   Voy côme le bon vin a peint ces grosses lippes,
Iamais il n'a beu coup qu'il n'ait beu plus d'vn seau,
Et le flus & reflus est tousiours dans ses tripes.

Réglément la semaine il asseche vn tonneau,
Il tire de petum plus de quatre vingt pipes,
Et lors que cet excez enfume son cerueau,
Ce beau discours qu'il fait nous découure ses gripes.

Pour te sacrifier les plaisirs que ie sens,
O bon pere Bachus, ie t'offre au lieu d'encens
L'agreable vapeur d'vne pipe allumée.

Mais vous estes ialoux de mon bien, immortels,
Voyant que ie n'ay point comme vous des autels,
Et que i'ay le moyen de viure de fumée.

Remerciment pour vne bouteille d'excellent cidre.

TV m'as fait vn prefent de la liqueur choifie,
D'vn fruit que la douceur rend fi delicieux,
Que ie ne fay plus cas ny de la maluoifie
Ny du ius immortel que l'on boit dans les cieux.

N'eftoit que ma Prouince vnique dans la terre,
Nous peut faire germer vn fi riche threfor,
I'auroy creu que le tage auroit iauny mon verre,
En voyant la couleur de ce breuuage d'or.

Pere des bons beuuers, exauçe-moy, Septembre,
Puifqu'il te plaift donner ce breuuage diuin,
Fay-moy voir tous les ans la couleur de cet ambre,
Et ie renonce à voir l'écarlate du vin.

Nature, i'ay dépit, tu n'eftois qu'vne befte
Lors que tu compofas le corps des biberons;
Dy-moy, devois-tu pas pour bien placer leur tefte,
Faire pour eux le col que tu fis aux herons.

Ah bouteille, faut-il que ta fource tariffe,
Et qu'on borne ton cours en fi petit vaiffeau
Que n'es-tu ma fontaine? & ie feroy Narciffe,
Mais au lieu qu'il mourut, ie viuroy de ton eau.

O Nectar des Normans, quand ma langue te touche,
Ie croy qu'auec raison icy nous te nommons
La volupté du goust, qui verse par la bouche,
Et le miel à la gorge, & le sucre aux poumons.

S'il est vray que ton ius soit sorty d'vne pomme,
Ie suis par ta bonté suffisamment instruit
Comme le diable a fait pecher le premier homme,
Puisqu'il le fit pecher pour goûter de ce fruit.

Ie me ry des iardins qu'vne plume hardie
A peint dans les Romans du temps des Amadis:
Mais ie iuge aux pommiers qui sont en Normãdie,
Que la terre autre-part n'a point de paradis.

Alors qu'à petits traits ta bouteille est vuidée,
Ma caue ne pouuant m'aporter de secours,
Des plaisirs que i'ay beus la sauoureuse idée,
Flatte encore ma langue auecque ce discours.

L'adieu d'vn feruiteur à sa Maîtreffe.

IE suis hors de captiuité,
Philis ne tient plus ma franchise,
Et ie peux bien iurer auecques verité,
Que ie n'ay plus de fers que ceux dont ie me frise.

Ces quatre vers ayans efté enuoyez à vne Damoifelle, elle m'obligea de faire cette refponce.

Frise-toy de tes fers, malgré tous tes trauaux
Philis triomphera toufiours de tes franchises,
Si tes fers vont tournant tes cheueux en anneaux,
Fay-tu pas vne chaîne alors que tu te frises?

SONNET.
AV ROY.

Qviconque vient icy, qu'il regarde la ſeine
S'enfler imperieuſe en ſon débordement,
Et qu'il s'êtonne, alors qu'il connoîtra comment
Vn ruiſſeau de Bourgongne vn ſi grand fleuue at- (traine.

Pour moy, ie ſuis rauy de voir vne fonteine
Qui coule ſur Parnaſſe, accroître tellement,
Que ce que l'on en boit fait ſourdre en vn moment
Vne mer de diſcours d'vne petite veine.

Ces vers que ie répans, ſont les goutes fecondes
Que mon liure a receu de ſes diuines ondes,
Peut-eſtre qu'vn ruiſſeau ſi petit vous déplaît.

Mais puiſque vos grandeurs m'en prêtent la matiere,
Si vous voulez bien-toſt qu'il groſſiſſe en riuiere,
O grand Roy, dites-luy que ſa ſource vous plaît.

EPIGRAMMATA.

AD LECTOREM.

HOc quæsita breui non est mihi gloria libro,
  Non paruo magnum quæro labore decus.
Pauca quidem scripsi, quia paucis carmina scribo,
  Et breue sic fit opus, quo leue fiat onus.

AD LIBRVM.

Liber, hâc veniâ iuuenilibus annuo cœptis,
  Quæ non maturo fit tribuenda feni.
Qui numquam rediturus abis, me, nate, falutas,
Credis & hinc laudem poffe redire patri.
Quærat laudem alius, qui philtris ebrius iftis,
  Ex ore alterius, quod bibit aure, capit.
O vacui ingenio! qui laudum implentur honore,
  Vnde fubeft animis tantus honoris amor?
Pondus inane grauat, fit enim fi gloria ventus,
  Quàm leuis eft animus, cui nihil addit onus.

AD MVSAM.

Mpexas euolue comas, & vefte decora
  Cultior, ornatus accipe Mufa tuos. (ta,
Vade humilis Phœbúq; meũ tu prona falu-
Amplectere pedes, dum dabit ille manus.
Pendula tu quid adhuc magnorũ ex nutibus hæres?
  Non eft Parnaffo gratior aula tuo.
Huic ne etiam credes furgentis femina famæ?
  Dextera principibus non folet effe ferax.
Mecum ergo reflecte gradus, fint maxima quamuis
  Aufpicia, hofpitio tutior effe potes.

IN STATVAM LVDOVICI XIII.
Equo infidentis.

MArtem spirat equus, pacis sacra fœdera
    dextra
  Porrigit, hic regem, te facit illa Deum.
Borbonidê te sceptra probant, atq; arma loquuntur,
  Inque tuo fulgens plurimus ore pater.
Henrici quarti & Lodoici nomine noni
  Fœlix à decimo tertius omen habes.
Viue diu proauo similis, similisque parenti,
  Sanctior hoc, illo fortior esse potes.
Hoc pia vota petunt imiteris vt vnus vtrumque,
  Sòrte tamen proauum, funere vince patrem.

ANNA DE AVSTRIA
Galliarum Regina.

TE naturæ audacis opus regina fatendū est,
  Anna poli manna est, Anna Diana soli.
Nã Sole aduerso deinceps si luna laboret,
Hoc fit vt in terris Anna Diana fores.

AD FAVSTVM
vtriufque coniugium.

Vm vos vnanimes fœlix concordia iunxit,
  Fœderibus tantis pignora digna date.
Fac matrem, vxorem, tu patrem redde maritum,
  Hunc fructum à vobis omnia vota petunt.
Coniugij quàm dulce iugum eft, dum mutua collo
  Brachia fubijciens ferpit amica manus.
Eia agite, vndantes aperite in gaudia venas,
  Eft multùm Gallis vtilis ille iocus,
Dulci conflictu focias fic ducite noctes,
  Vt tandem victrix facta fit Anna parens.
Præmia victrici, funt & fua præmia victo,
  Hac myrtho lauros multiplicante tuas.

GRANVM TRITICI
AD ILLVSTRISSIMVM
Principem Henricum Borbonium
Epifcopum Metenfem.

Or micat, & trepido fubfultant vota
    colono,
  Cùm fœcunda Ceres gramine pingit
    humum.
Soluuntur labefacta morâ, quæ femina fulcis
Obruta, fertilibus mandat arator agris.

Primùm germen agit corrupto femine radix,
  Quam fœta in nato terra calore fouet.
Fœcūdum teneram tum germen crefcit in herbam,
  Fitque teres calamus quod prius herba fuit.
Poft denfo haftili furgens fpicatur arifta,
  Et gaudet fœtu luxuriare nouo.
Mox fragilis calamus nodis fublimibus hæret,
  Vt grauidæ Cereris pondera prona ferat.
Ne granum populentur aues fub fine laborum,
  Condita funt thecis femina quæque fuis.
Vltimus hic folis labor eft, ne putrida perdat,
  Æftas maturo grana calore coquit.
O rerum fœcunda parens! fic germine in vno,
  Diuitias aperis luxuriofa tuas.

* *
*

Hoc granum appendo, Princeps, Metenfibus aris,
  Sæpe placent magnis munera parua Diis.
Nempe fecunda tui fi flauerit aura fauoris,
  Ex grano fiet germen, & inde feges.

NOVEM MVSÆ PARNASSI

Claromontani contendunt inter se, quæ prior, illustrissimum Præsulem Metensem salutabit.

DICE IVDICAT.

THEOLOGIA.

Iuinam verbis sobolem decorare prophanis
Non licet, ore sacro sola, silete, loquar.

PHYSICA.

Doctos docta decent, iuuenes natura docebit,
Per me docta, loqui me decet ergo prius.

LOGICA.

SIc probo, quod fas est vni, par altera præstat,
Huic ego iuncta soror sum simul, ergo licet.

RHETORICA.

MAgna quidem tamé ore rudi profertis, abite,
Quod nostro poterit dulcius esse melos?

SECVNDA.

DVlcius esse meum poterit dū carmina fundam.
Carmina sunt verè Principe digna meo.

TERTIA.

Carmina quid iactas? radices arboris huius
 Excolui, fructus quis neget esse meos?

QVARTA.

Dicere quum doceat Cicero me sæpe salutem,
 Quod didici, iustum est hoc licuisse mihi.

QVINTA.

Est meus iste labor, canitis præsentia tantùm,
 Præteritum teneo, nota futura mihi.

SEXTA.

Balbutire mihi proprium est, sed Apolline viso,
 Fit commune aliis, quod fuit ante meum.

DICE.

O Virtute pares, hoc vestris viribus impar,
 Laus nempe atq; decus Principis huius erit.

POETA.

Avdierat mea Musa Dicen, iámque hæc mihi
 Materiâ qua sis ingeniosus habes. (dixit,
Sed depressi animos, quid opus temeraria (dixi)
 Hac animi affectas ambitione nouum?
Vnius quid carmen erit? si casta Dicea,
 Non satis ad laudes credidit esse nouem.

SOLIS REPERCVSSIO
LVDENTIS IN SPECVLO,
ad illuſtriſſimum Principem
Comitem de Moret.

SI ſpeculum aduerſi ſtatuas ad lumina ſolis,
 Qua lux ſe tectis inſinuare ſolet.
Lætatur vitreis Phœbus dare baſia labris,
 In ſpeculo Daphnem dum latuiſſe putat.
Scilicet aſpicies ridere per atria lucem,
 Quam ſol huic ſpeculo reddere poſſe dedit.
Nempe repercuſſum ſpeculorum ex æquore lumen
 Exilit, & forma lucidiore micat.
Percutitur ſpeculum radiis, radioſque retorquet,
 Et lucem paries proximus inde trahit.
Incuſſis nubes radiis, ſic candet in arcum,
 Soli auſa humores oppoſuiſſe ſuos.
Volue vitrum, varios lux implicat orbibus orbes,
 Et ludens tremulo verbere lambit humum.
In latus, obliquum, ſi flectat dextera, vitrum,
 Tortilis vt ſerpens lux ſinuoſa fugit.
Merge vndis, natitat: flammis, non vritur igne.
 Eſt ratis in fluuiis, eſt Salamandra focis.
Hanc pueris ſpectare datur, retinere negatur,
 Fallit inane manum, dum cohibere putant.

Dumque fugit, frustra fugientem sistere tentant,
  Tarda manus nimium, lux celer illa nimis.
His gaudet Phœbus, sed nubis tectus amictu
  Si pereat, pereunt gaudia, luxque perit.
Quemq; sequi imparibus nequeunt vestigia plātis,
  Tentant veloci lumina luce sequi.
Quid puer intento fugientem lumine ducis?
  Stringitur astrifero lux hebetata Deo.
Desine ludentes radios comprehendere dextra,
  Hos retinere cupis, quos retinere nequis.

* *
*

Et tu Musa meum quid solem cernere pergis?
  Stringetur laudum lux tua luce minor.
Desine, Musa, meus frustra laudatur Apollo,
  Hunc celebrare cupis, quem celebrare nequis.

IVSTITIA BRVTI IN FILIOS.

T coniuratis patriæ pepigiſſe ruinam
 Fœderibus, natos audiit vrbe ſuos:
Brutus pro patria, in natos, fuit in patre iudex,
 Viuere quos fecit, iuſſit vtrvmque mori.
Quod tu Brute facis, feciſſe hoc bruta timerent:
 Non ius, naturæ ſoluere iura poteſt.
Patria te pietas iubet illis parcere crimen,
 Impietas patriæ quos facit eſſe reos.
Te natura patrem, fecit te patria ciuem:
 Illud ab vrbe tenes, iſtud ab orbe capis.
Parcere te natura iubet, ſæuire quid optas?
 In patriam eſt feruor, patrius iſte furor.
Patria te punire iubet, quid lente moraris?
 Hic patrius zelus, dicitur eſſe ſcelus.
Neutrum age, ſemper enim pacto peccabis vtroque,
 Si pater eſſe velis, non pius eſſe potes.
Vicit amor patriæ, & manus obſequioſa peregit
 Impietatis opus, pro pietatis ope.
Natorum, iubet ipſe parens, mucrone recluſo
 Auulſum membris diſſociare caput.
Magna eſt naturæ, maiorque potentia legum,
 Vt fiat iudex deſinit eſſe pater.

DEMOSTHENES, impediente Antipatro libertatem eloquentiæ, in ipsa penna qua melleas orationes scripserat hausto veneno violenter interiit.

Antipater Graio dum pœnis imperat orbi,
  Nec fruitur linguà liberiore forum,
Atticus orator non hoc tulit, & sua sæuis
  Opposuit iussis nescia fata iugi.
Est via clausa fugæ, at certè patet illa cruori,
  Istâ libertas egrediere viâ.
Si seruit viuens, moriatur libera lingua,
  Quæ mihi mella dedit penna, venena dabit.
Mox calamum accipiens facundo melle fluentem,
  Ergo ne te, dixit, sospite seruus ero?
Funereum, hæc fatus, dextra infligante venenum,
  Admouit labris tristis arundo sacris.
Triste ministerium domino penna abnue, penna
  In domini pœnas officiosa tui.
Hausit: & exhausit vitam vis prompta veneni,
  Hæcque dedit noctem, quæ dedit ante diem.
Sic moritur, dubiusque labris dum spiritus errat,
  Tandem, ait, inuito principe, liber ero.

DE RAMO POPVLEO VIRGI-
lij qui satus ipsius natiuitatis tempore
subitò coaluit.

Spicite vt dubiam faciat iam Mantua
    palmam,
  Et timeat vati Græcia tota suo.
Nomen enim magni portendat quanta Maronis
  Omina, fecerunt nomina iuncta fidem:
Nam quod, amor, ramo, mora, Roma, armoq;
  Nomine cocordi dissona verba sonêt: (Maronê,
Hoc erat in fatis, magna vt discordia vatum,
  Concors sub magno facta Marone foret.
Cedite Romani, nata est spes altera Romæ,
  Et Maro prima foret, si Cicerone prior.
Nempe vbi natus erat, Ramum (de more) parentes
  Populeum solitis inseruere locis.
Creuit & ante satas sata vix supereminet omnes,
  Facta repente arbor quæ modo virga fuit.
Crescendi vnde subest tam magna licentia ramo?
  An quia quod magnus creuerit ipse Maro?
An quia terra suo hoc vult indulgere Poetæ,
  Qui lætas segetes, qui sata læta canet?
Quidquid id est, cedat nunc arbos Hespera, quauis
  Aurescant ramis pendula poma suis.
Nam quos & quales fructus hæc proferet arbor?
  Quæ tantas tulerit vix sata virga comas.

AD SERENISSIMVM PRIN-
cipem & illuftriffimum Cardina-
lem à Sabaudia.

Icerat Henricus, partamque labore
  coronam
  Debebat tanto Martia Roma Duci.
 Sed cupiens merito victorem, vincere
Inferuit palmis aurea mala fuis.   (dono,
His opibus certabat opus; namque æmula cæli
 Virtutum effigiem plurima gemma dabat.
Non tulit oblatū Henricus, nempe inclyte princeps,
 Hoc dignum meritis credidit effe tuis.
Tot tibi virtutes quot funt in munere gemmæ,
 Et bene, παναρεθω debita παναρεθε.

IDEM AD EVMDEM.

Alum igitur mihi redde tuum, quid Ro-
  ma moraris?
  Iam fouet optatū Gallia noftra Ducem.
 Obftat hiés votis, fruitur fed Gallia vere,
Adueniente nouo Sole receffit hiems.
Sed volo, tempeftas obftet, nam obftantia grata eft;
 Aduerfum impediet tempus abire ducem.
Sifte igitur Princeps, hic Gallica, & Hefpera tellus,
 Vere dabunt votis aurea mala tuis.

DE AMEDEO NONO
Sabavdiæ Dvce.

Icat Amedeum populus quod amabilis
    esset,
Et quod Amedeus nosset amare
    Deum.
At nobis venator erit, qui dictus amator,
    O princeps æquo iure vocandus eras.
Esse canes dicis, quos tecum pascis egenos,
    Anne istis canibus, par tua præda fuit?
Non lepores, non hoc sectantur amore lepores,
    Incassum easses non ita tendit amor.
Fit cœlum præda, ô amor, ô venatio fœlix,
    His canibus cœlum cepit, amore Deum.

IN IMMACULATAM
BEATÆ VIRGINIS
Conceptionem.

ARGVMENTVM.

Pvd R. P. Richeomum in peregrino Lauretano legitur. Vicinam Garumnæ rupem stetisse, quæ continuo fluminis reciprocantis & ventorum æstu deiecta est, anno 1592. cuius sub mole omnes artifices qui loci opportunitate hîc tabernas construxerant, fuerunt oppressi, vnica excepta puella, quæ mortuum patrem amplectens à matre reperta est.

Ensile fornicibus rupes vicina Garumnæ
Tollebat præruptaiugum, pars altera cuius
Artifici multo præbebat caute cauatâ
Opportuna domos, vndis pars altera durum
Dans latus, aduerso spumantes obice fluctus,
Elisis frangebat aquis, circumque sonantem
Vnda fremens scopulũ, & tantũ indignata morari,
Fracta fuit quoties, toties violentior ibat.
Sed

Sed tandem fluuius ventis adiutus & annis,
In præceps saxa acta dedit, testisque ruinæ
Fit sonitus titubante iugo, & sub mole sepultis
Hæc eadem quæ saxa domos, fecere sepulchrum.

 Hoc casu concussa ruit vicinia montis.
Turba fremit circum scopulos, saxisque remotis,
Heu quæ cæsorum facies! hic membra parentum
Non noscendorum confusa ob vulnera tractant,
Et lachrymis ineunt certamen triste parentes.

 Interea quærens coniux per saxa maritum
Viderat oppressum, cæso sed coniuge, mortis.
Relliquias natam videt esse, aspexit, & hæsit,
Tantam imbelle caput mirata tulisse ruinam.

 Inter tot cædes, sedes est tuta puellæ:
Et quæ debuerat solo terrore necari,
Cum Deus opposuit tantæ sua numina moli,
Illæsa est, fatis contraria fata rependit
Fœlix prole parens, infœlix coniuge coniux.

 Dumque animi pugna est geminis affectibus an-
Hæc illas tandem voces singultibus addit. (ceps,
Pars vtra, ô superi! an coniux, an filia vincet?
Nam dubium est, cui vota ferá, imperfecta reliquit
Verba dolor, suppletque oculis quæ lingua negauit.

ALLVSIO.

Illæsæ par est illæsa Maria puellæ,
 Non illam moles, non lædit culpa Mariam.

GRATIARVM ACTIO
AD SANCTAM GENOVEFAM
OB SANITATEM AVTHORI
Febricitanti ipsius dono restitutam.

*Orpus iners nimio febris consumpserat*
æstu,
Inter aquas ipsam me sitiente necem.
Humor crudus aquæ angustat spira-
mina vitæ,
Hepatis hoc refluas impediente vias.
Hinc venæ crebro pulsu vibrante resultant,
Vanaque se cerebro pingit imago meo.
Me sensim ardor edit, frontique inamœna serenæ,
Nubila tristitiam sæpe metumque vehunt.
Parua quies, nam terræ elemétum triste recurrens,
Durior est morbo multiplicante mora:
In thalamo, tumulum, morbique, in funere, finem,
Mors fuerat precibus pollicitata meis.
Triste fuit misero mihi dulces linquere terras,
Atque ingustatos deseruisse sales.
Non Medicis fateor, tibi debeo, Virgo, salutem,
Deponens manibus vota, animamque tuis.
Viuo tibi Virgo, quia per te viuo superstes,
Et mea fit dono mors rediuiua tuo.

DE SVSPENDIO LATRONIS.

N collo est funis, vitæ est in funere finis,
　　Fidem ideo funis, funera, latro, times.
　Quid breue anhelus iter tremebundo po-
　　　plite scandis?
Icaria hic non sunt fata timenda tibi.
Inter vtrumque cades, medio, tutissimus ibis,
　Nec pes tanget humum, nec premet astra caput.
I citiùs, sed solus abi, sic itur ad astra,
　Serius, aut numquam hoc astra petenda modo.

IN EQVVM
CALIGVLÆ FACTVM
CONSVLEM.

Vm, per te, fit Consul equus, male consulis
　　　æquo,
Non hic fasce quidem, sed face dignus erat.

OBLIGATIO SPECVLI DO-
NATI A PRINCIPE VICTORE
Amedeo authori, ad amicam.

Edduntur speculis oblata fideliter ora,
    Ora quibus tantùm lingua sonora
    deest.   (Echo,
Verba rogata refert repetita fideliter
Mirum vt verba adsint hîc ubi lingua deest.
Muto, vocalis, speculo, si iungitur Echo,
    Quod te pingat habes, quaque loquaris habes.
Nostrum tu speculum, paruum licet, accipe, munus,
    Non paruum vt magni principis esse potest.
Echo erit, hinc laudum deinceps mea musa tuarum,
    Non parua ut magni principis esse potest.
Et natura licet tabulas miretur Apellis,
    Expectato animos fallit imago sono.
Vester Apellæo non pictor cedet honori,
    Cui debet vocem muta tabella suam.

INCONSTANTIA.

Obilitas cœlo, laus est constantia terræ,
    Terreus est totus qui leuitate caret.
Esto aliis placeat semper côstantia terræ
Cum cœlo semper mobilis esse volo.

IN AVLICVM EFFŒMI-
NATVM ET IGNAVVM
militem.

BElla fugis, sequeris bellas, pugnæq; repu-
Et bellatori, sunt tibi bella tori. (gnas,
Imberbes, imbellis amas, milesq; redibis,
Mars ad opus Veneris, Martis ad arma Venus.

DE BACCHO ET AMORE

**V**T mentem dum cepit amor, fallente
veneno,
Rex fit, & imperium mox rationis
habet.
Sensibus insinuat sic dulcia vincula captis
Bacchus, dum menti vina venena dedit.
Bacchus amat cædes, & amor se sanguine pascit.
Dat Bacchus lachrymas, flere cupido cupit.
Vt Bacchum comitatur amor, sic Bacchus amorem,
Vt Bacchatur amor, Bacchus amare solet.
Vnus quis poterit diuis pugnare duobus?
Cuncta domat Bacchus, cunctaque vincit Amor.
Est crudelis vterque Deus, sed blandus vterque,
Blandus vterque quidem, sed sine mente Deus.

DE VENERE ET BACCHO.

Im dant vina viris, Bacchoque accenditur ira,
  Nec mirùm est natum fulmine ferre faces.
Flammea tota venit Venus, at mox frigida languet,
  Sed mirùm est natam flumine ferre faces.
Miscetur Bacchus Veneri: quid separo iunctos?
  Ex ipso Baccho nascitur ipsa Venus.

AD AMICAM.

Cvr votis aduersa meis sic fata repugnant?
  Sæuus ut ignoto te sociarit amor.
Molliui duram, sed possidet alter, & à te
  Dulces exuuias virginitatis habet.
Non tu virgo mea es! sed ego tuus! & tibi viuo!
  At tuus in thalamo ne tumuletur amor.
Prodit sese ignis, quid tum? nil flamma nocebit,
  Nomen amicitiæ sit, quod amoris erat.

ILLUSTRISSIMO
ATQVE EXCELLENTIS-
SIMO D. DOMINO ANGELO
Contareno Sereniff. Venet. Reip.
apud Christianiffimam Maiesta-
tem Oratori clariffimo.

FLOS NARCISSI.

 *Vmquid amor, Narciſſe, tibi dicen-*
dus amaror?
Si te forma tui fecit amore mori.
Quæ potuit geminum tam blandæ cer-
nere frontis
Lumen? inoffenſo lumine nulla fuit.
Formoſo diffuſa Charis ludebat in ore,
  Et ſua cuiuſuis gratia partis erat.
Vndique ſidereis radiabant lumina flammis,
  Hincque nouæ ardebant corda calore facis.
Bina ſupercilij armabat flexura ſagittas,
  Quas pueri ex oculis mittere ouabat amor.
Errabundam humeris ſpargebat eburnea ceruix
  Cæſariem, vt Zephiri grata catena foret.
Arcum læua manus, quatiebat dextera telum,
  Et pharetra ex humeris dulce pependit onus.
Caſta ſequebatur venantis caſtra Dianæ,

Q iiij

Idalij nec adhuc senserat arma Dei.
Cùm puero incautis tendenti retia ceruis,
 Retia crudelis sæua tetendit amor.
Eminus hunc vidit vocalis nympha vagantem
 Et visi incaluit pectus amore viri.
Accedit propius, flammà propiore calescit,
 Et geminat gressus, & geminatur amor.
Brachia in amplexus tandem pudibunda resoluit,
 Sed fugiens plenas non sinit esse manus.
Hic fugit, hæc sequitur, currunt, sed dispare motu,
 Hæc volucris pedibus, spe volat, ille metu.
Vocis anhelanti interceptus spiritus æstu
 Verba ad propositas non sinit ire preces.
Credit enim puerum precibus se posse mouere,
 Quem durum primo vis in amore facit.
Sermo prior prohibitur ei, natura repugnat,
 Hac vice naturam non superauit amor.
At via præcipitem ne casu lædat amatum
 Queis potuit cœpit gestibus ista loqui.
O mea lux moderare fugam, moderantius ibo,
 Hic multum sessis grata futura quies.
Si tantum currendi animo stet fixa voluntas:
 Iam noue in amplexùs curre marite meos.
Ad dulcem fessus si vis properare quietem:
 Inter blanditias hic requiesce meas.
Hanc puer irridens dum post se lumina flectit,
 Arridere sibi credula nympha putat.

Vtque decora animos moueant objecta rebelles.
  Ostendit niueos fibula laxa sinus.
Lacteus hic duplices se mons attollit in orbes,
  Hique globum facerent, si sine valle forent.
Ad mammas oculos dulcis violentia cogit,
  Et lentam inuitant fraga gemella manum,
Vt tacitam sensit nympha indignata repulsam,
  Tristia virgineus vestiit ora rubor.
Et frontem & culpam siluis abscondit opacis,
  Ausa puellares præteriisse modos.
Victor abit iuuenis, cursu qui fessus & æstu
  Concepit siccis faucibus ore sitim.
Forte fatigato vicinus fonte fluebat
  Riuulus, hic gratas haurit anhelus aquas.
Quo ruis in fontem? referes incendia tecum,
  Si tecum possis inde referre gradus.
Hic flammā inuenies, quam non tecum ante tulisti.
  Nec per quas nata est flamma peribit aquas.
Cernuus ad fontem sua dum resupina tuetur
  Ora, nouam insinuant ora per ossa sitim.
Tolle tuos periture oculos, sursum erige vultus,
  Si tibi lympha nocet, nympha sonora fauet.
Anne isto flammam speras restinguere fonte?
  Si tuus ex istà nascitur ignis aquà.
Narcissum Narcissus amat, petit ipse petitus,
  Hic quærit quod habet, quod cupit ille capit.
O amens! quid amas? quo te tuus abripit ardor?

Cernis vt aspectum fallat imago tuum?
Tu tecum quod poscis habes, te te exue, amato
   Visne frui? absit amans, copia egere facit.
Quam legi solitae contraria foedera quaeris,
   Vt distinguat amor qui sociare solet?
Vnio legitimi fuit vnica finis amoris,
   Est vnum quod amas, multiplicare cupis?
Corpus, amas vmbram, ô amens! tua quam aspicis
   vmbra est
   Sicne tua excoecat lumina coecus amor?
Ah quoties grato immisit sua brachia fonti!
   Brachia nec retinent, quem retinere putant.
Ah quoties grato dedit humida basia fonti!
   Basia sed mediis impediuntur aquis.
Deuorat vmbram animo, & formâ se pascit inani,
   Nulla est cura sui, nullaque cura cibi.
Dum sitibundus amans, proprij sitit oris amore,
   Quas oculus lachrymas fundit in ora, bibit.
Et sumpto ardorem poterat compescere fonte,
   Sed metuit ne fons, ignis in igne foret.
Quam nunc quaeret opem, nocuit medicina dolenti,
   Crescit & in poenas fertilis vnda fuit.
Quid faciat dubitat; dilectum vellet abesse,
   Sed cum dilecto natus abesset amor.
Addit amor furias, furiae fecere furentem,
   Sic furit eius amor, sic furor eius amat.
Motu agitur vario, pudor hunc, amor excitat illum.

Quando pudore silet, vellet amore loqui.
Cumque suam opprimerent vocem suspiria, tandem
  Addidit incoeptis verba ministra dolor.
Ob fontem pereo, & me flamma medullitus vrit,
  Causaque vera latet, dùm mala nostra patent.
Penè manu tango, tam sum vicinus, amatum,
  Spes mihi semper adest, res mihi semper abest.
Impedit vnda breuis, non separor æquore lato,
  Ah doleo in placido naufragus ire freto.
Huc exi dilecte puer, quid lente moraris?
  Nescis quam duræ sint in amore moræ?
Te meus angit amor, sic te mea gaudia tangunt,
  Ad motus, referens singula membra, meos.
Flecteris affectu nostro, dùm rideo rides,
  Et vidi lachrymas me lachrymante tuas.
Si me non fugias, refugo cur fonte moraris?
  Vsque tuas penetret si meus ignis aquas.
Vror amore tui puer, & puer impulit alter,
  Tu geminis pueris vnice cede puer.
Hei mihi cur animo iunctos secernitis vndæ,
  Igni quid mirùm est si noceatis aquæ?
Fleuit, & hæc gratum deleuit lachryma vultum,
  Turbatusque fuit visus abire puer.
Narcissum Florem fecit, Narcissus amator,
  Hinc flagrabat amor qui modo flagrat odor.

Dat puerile tibi munus Musa, ô decus vrbis,
  Quæ male fulta solo, stat solidata salo.
Offerimus Florem Narcissi qui perit vndis,
  Nempe quod ex mediis vrbs tua floret aquis.

FINIS.

ERRATA

P.	L.	Au lieu de :	Lire :
10	17	*veuêtu*	*reuêtu*
10	19	*heureufe*	*heureufe*
12	15	*El*	*Et*
28	6	*les*	*mes*
31	16	*feroit*	*feroit*
37	7	defendit	defendit
47	20	*feulement*	*feulement*
55	20	*fon*	*fon*
61	4	*fit*	*fit*
75	7	*fa*	*fa*
91	20	efprit	efprit
110	20	*faifant*	*faifant*
181	15	*Afin*	*Afin*
209	4	*Auoüaut*	*Auoüaut*

www.ingramcontent.com/pod-product-compliance
Lightning Source LLC
Chambersburg PA
CBHW062234180426
43200CB00035B/1742